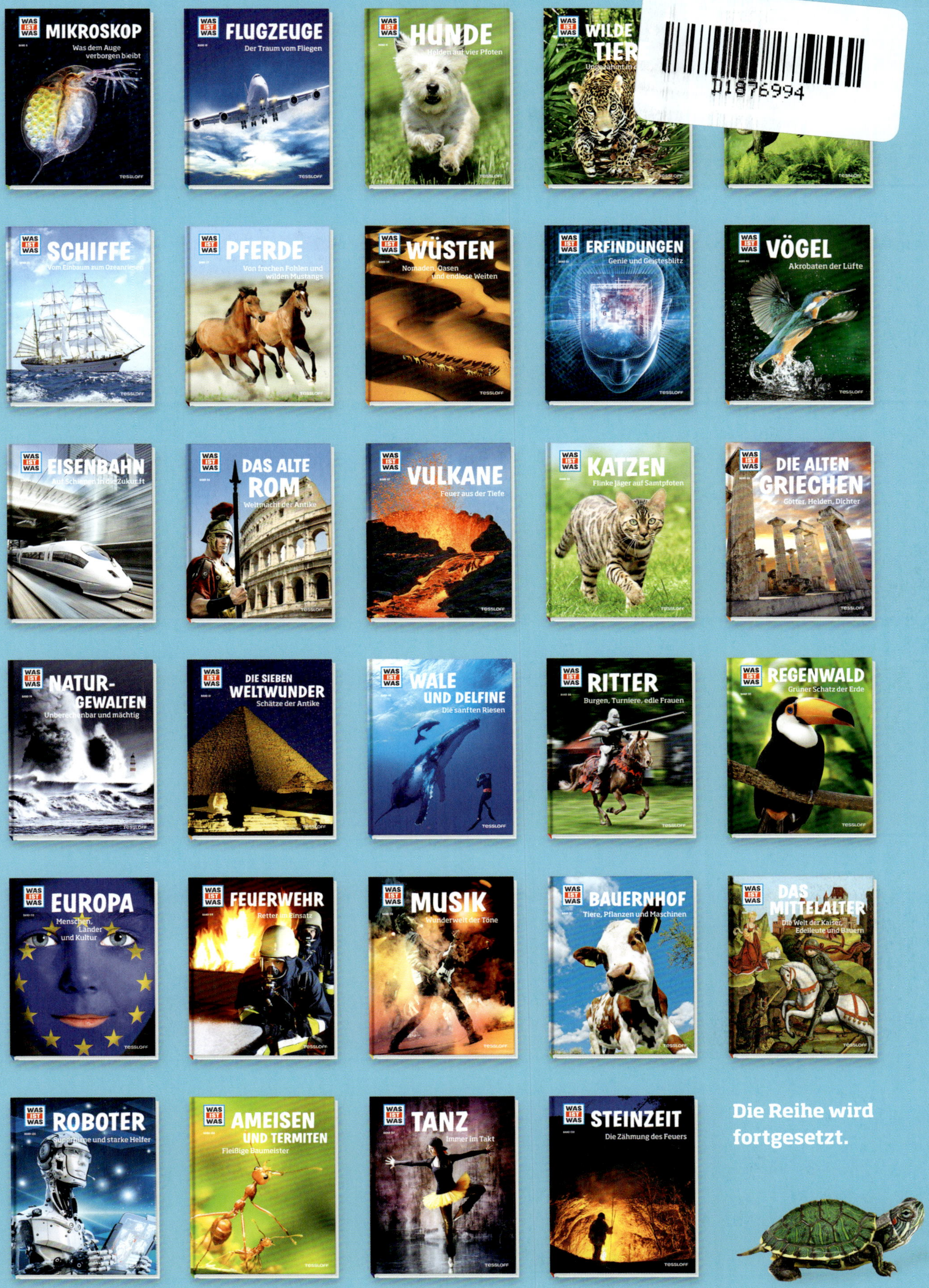

Die Reihe wird fortgesetzt.

R. Scheller

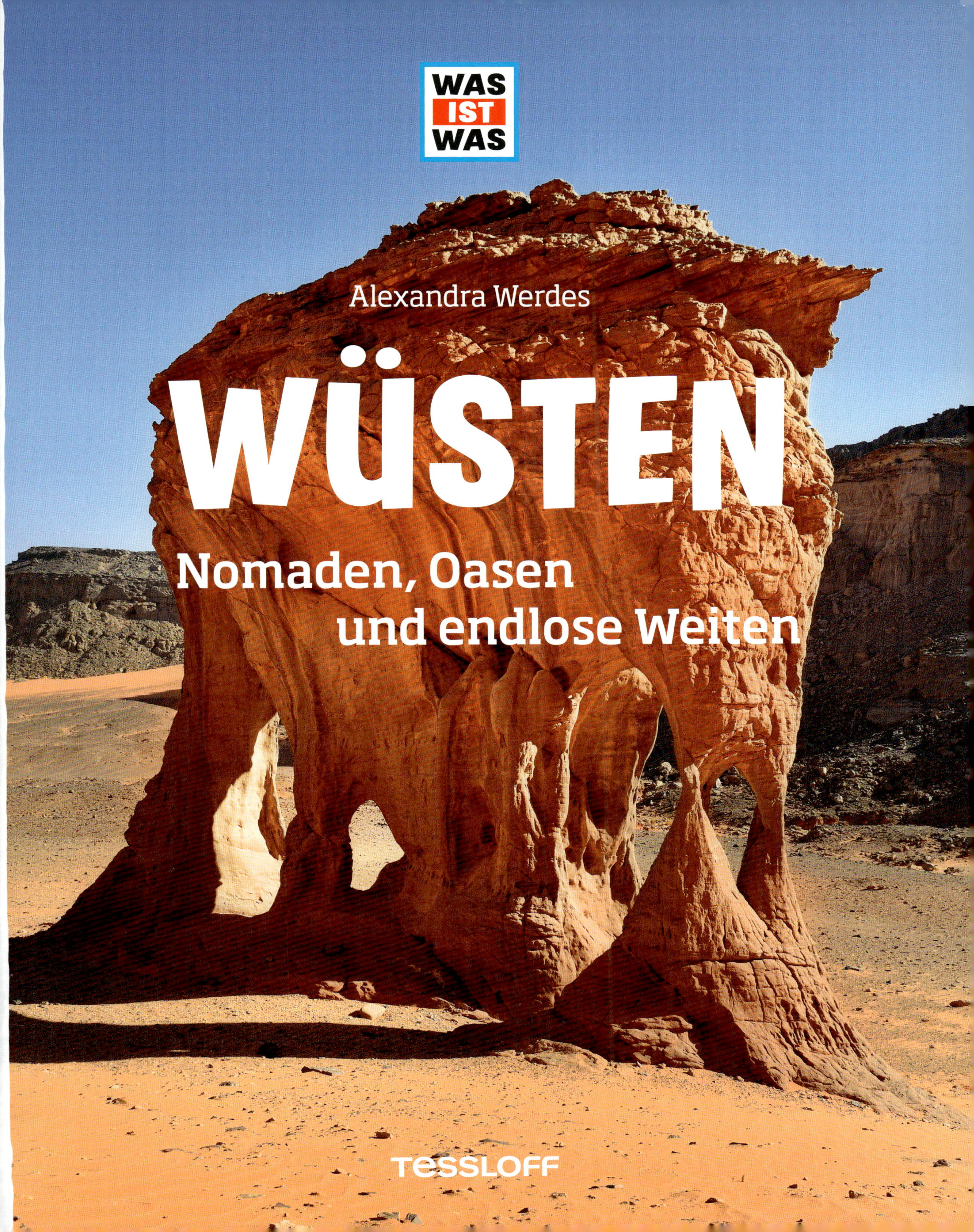

WAS IST WAS

Alexandra Werdes

WÜSTEN

Nomaden, Oasen und endlose Weiten

TESSLOFF

Hier siehst du, wo du bist!

Wo ist was?

Seite **6**

Von der Sahara bis zur Atacama: Wüsten gibt es auf allen Kontinenten – sogar in Europa!

4 Wüsten der Erde

Am Nord- und am Südpol erstrecken sich riesige Wüsten. Denn im ewigen Eis sind die Lebensbedingungen für Pflanzen und Tiere ähnlich schlecht wie in sengender Hitze.

Seite **10**

Rätselhafte Sphinx: Hat der Wind als Bildhauer die Hauptarbeit geleistet?

10 Wüstentypen

Riesige Wanderdünen wie die Dune du Pilat können sich viele Meter pro Jahr fortbewegen. Aber wie entstehen Dünen überhaupt?

Seite **28**

Ob ein Höcker oder zwei: Niemand ist so perfekt aufs Wüstenleben eingestellt wie das Kamel.

20 Überleben ohne Wasser

Dank eines Tricks können Kakteen nach einem Regen Tausende Liter Wasser speichern.

Seite 40

Wüstenmetropole: In Dubai steht das höchste Gebäude der Welt.

Die mit ▶ markierten Seiten könnten dich besonders interessieren!

Seite 42

Feigen, Datteln, Hirse: Oasen sorgen für grüne Wunder in der Wüste.

Blaues Tuch, stolzer Blick: Die Tuareg waren einst das reichste Volk der Sahara. Heute können nur noch wenige als Nomaden überleben.

Seite 44

Heute noch wird Salz in der Wüste gewonnen. Begehrter sind im Moment aber Seltene Erden.

Seite 34

Rallye Paris–Dakar oder Expedition nach Timbuktu: Die Wüste hat schon immer Abenteurer angezogen.

Hier findest du die wichtigsten Begriffe kurz erklärt.

Wettrennen im Sandsturm

Der Ultramarathon »4 Deserts« führt durch die Atacama, die Sahara, die Gobi und die Antarktis – also durch die trockenste, die heißeste, die windigste und die kälteste Wüste der Welt. Anne-Marie Flammersfeld hat gleich beim ersten Mal alle vier Läufe innerhalb eines Jahres gewonnen.

Desert-Queen

Als erste Deutsche und als erste Frau überhaupt hat Anne-Marie Flammersfeld im Jahr 2012 alle Läufe des Ultramarathon »4 Deserts« gewonnen. Die Extremsportlerin wurde 1978 in Duisburg geboren und hat an der Sporthochschule Köln studiert. 2007 zog sie in die Alpen und arbeitet heute mit ihrer Firma »all mountain fitness« als Personal Trainerin in St. Moritz.

Wie kommt man auf die Idee, in einem Jahr durch vier Wüsten zu laufen – und dann auch noch jeweils 250 Kilometer in sechs Tagen?

Bei einer Reise durch Chile habe ich zufällig einen Läufer kennengelernt, der gerade auf dem Weg zum vierten Wettkampf in der Antarktis war. Was er erzählt hat, hat mich so gepackt, dass ich unbedingt mitmachen wollte. Ich hatte gerade erst zwei Marathons gelaufen und wusste gar nicht, dass es solche extremen Wettkämpfe gibt. 2011 habe ich dann angefangen zu trainieren und 2012 war ich schon dabei.

Wie haben Sie sich in so kurzer Zeit vorbereitet?

Ich bin jede Woche ungefähr 150 Kilometer gelaufen, meistens 40 Kilometer am Stück. Ich hatte das Glück, dass in St. Moritz, wo ich lebe, sechs Monate im Jahr Winter ist. Denn durch Schnee zu laufen, ist dem Laufen in Wüstensand ganz ähnlich. Was ich allerdings nicht trainieren konnte, war die Hitze. Am Ende habe ich meinen Stepper in die Sauna gestellt.

Welche Wüste war die anstrengendste?

Eindeutig die Sahara. Es war wahnsinnig heiß, die Landschaft hat sich kaum verändert, überall nur Sand. Irgendwann habe ich aber gemerkt, dass der Sand alle möglichen Formen hatte: Da gab's feinen Beach-Sand, gelben Curry-Sand oder knirschenden Muschel-Sand. Ständig ist man eingesunken – einen Schritt vor, zwei zurück …

Wo war es am schönsten?

In der Atacama-Wüste mit den schneebedeckten Vulkanbergen im Hintergrund und diesem gigantischen Sternenhimmel nachts. Und in der Gobi, dieser zerklüfteten Landschaft mit den vielen Canyons, die man in der Ebene erst gar nicht sieht. Am Tag ging es vielleicht 30 Mal in Serpentinen runter, durch das ausgetrocknete Flussbett und auf der anderen Seite wieder rauf. Aber das liegt mir ja, das Klettern! In der Gobi haben wir aber auch erlebt, wie Sandstürme über das offene Feld peitschten. Das war Abenteuer pur!

Hatten Sie auch mal Angst, verloren zu gehen?

Es haben sich etliche mal verlaufen. Jede Etappe wird mit roten Fähnchen im Boden abgesteckt, die man leicht übersehen kann, wenn man 40 oder 80 Kilometer durch die Hitze rennt. Aber mir ist das zum Glück nicht passiert.

Die langärmeligen Trikots schützen die Wüstenläufer vor der extremen Sonneneinstrahlung; die Gamaschen verhindern, dass Sand in die Schuhe kommt.

Instant-Mahlzeiten, Nüsse, Wechselkleider, Verbandszeug: Bis zu acht Kilogramm wiegt Flammersfelds Rucksack. Alle Läufer müssen sich die Woche über selbst versorgen.

Die Läufer schaffen im Schnitt acht bis neun Kilometer in der Stunde. Manche walken aber auch, vor allem auf steinigem Terrain wie in der Gobi.

4 Deserts

Einmal im Jahr veranstaltet Racing the Planet den Ultramarathon »4 Deserts«, vier Wüsten. Ein Lauf ist 250 Kilometer lang und teilt sich in sechs Etappen: Sonntag bis Mittwoch 40 Kilometer, Donnerstag 80 Kilometer, Freitag frei und am Samstag noch 10 Kilometer bis zum Ziel.

Minus 15 Grad Celsius und sonnenverbrannte Lippen: In der Kältewüste Antarktis gewinnt Anne-Marie Flammersfeld auch den letzten der vier Läufe.

Woran denken Sie beim Laufen?

In der ersten Stunde geht einem noch vieles durch den Kopf, aber je mehr man in den Rhythmus kommt, läuft der Motor von alleine und das Gehirn schaltet ab. Bei Erschöpfung kann man sich allerdings nur mental wieder rausbringen. Ich hab mir zum Beispiel immer wieder den Satz vorgesagt: »Mit jedem Schritt kommt Energie zurück.«

Sie sind ja tatsächlich auch durch eine Eiswüste gelaufen. Wie war das?

Diese Eisberge in schillernden Blautönen hatte ich so noch nie gesehen. Und dann die Tierwelt: Buckelwale, Pinguine ... An einem freien Tag habe ich mir ein Kajak genommen. Es war so irre, im Wasser der Antarktis zu paddeln und mir vorzustellen, dass ich mich gerade ganz unten auf dem Globus befinde!

Welcher Moment bleibt in Erinnerung?

Das war am 5. Tag des ersten Atacama-Laufs. Ich hatte 80 Kilometer hinter mir und dachte, da muss doch jetzt mal das Ziel kommen. Und dann kam ich über einen Pass und sah endlich die blauen Plastikklos unseres Camps. So sehr hatte ich mich noch nie über den Anblick einer Toilette gefreut! Da wusste ich: Mein Vorsprung ist jetzt so groß, diesen Wüstenlauf hast du gewonnen. Ich schaute zum Himmel; auf der einen Seite waren schneeweiße Wolken, auf der anderen zog ein pechschwarzes Gewitter heran – das war für mich der schönste Moment.

Die Wüsten der Welt

Wendekreis des Krebses

Wüsten bedecken ein Zehntel der Oberfläche unseres Planeten. Betrachtet man nur die reine Landfläche, besteht sogar ein Fünftel der Erde aus Wüsten. Die Karte zeigt, dass sich besonders viele Wüsten jeweils an den Wendekreisen rund um den Globus verteilen. Man spricht deshalb auch von den Trockengürteln der Erde. Die meisten Trockenwüsten liegen übrigens auf der nördlichen Halbkugel!

Äquator

Wendekreis des Steinbocks

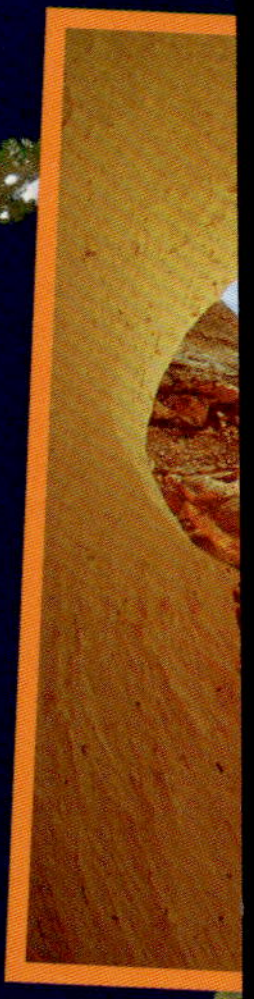

1 Sonora

Riesige Kakteen und bizarre Felsen: Die Sonora-Wüste ist mit etwa 320 000 Quadratkilometern eine der größten und auch eine der vielseitigsten Wüsten der Erde.

2 Atacama

Ein Eldorado für Sterngucker: In der extrem trockenen und menschenleeren Atacama-Wüste ist die Luft besonders klar. Die Küstenwüste liegt im Schatten der Anden und ist nicht besonders breit, erstreckt sich aber über mehr als tausend Kilometer von Peru bis Patagonien.

3 Antarktis

Schon mal eine Palme oder einen Kaktus auf einem Eisberg gesehen? Natürlich nicht. Trotzdem zählen die Eisflächen der Erde zu den Wüsten. Den Eiswüsten! Die Antarktis am Südpol gilt mit über 13 Millionen Quadratkilometern sogar als größte Wüste der Welt.

4 Sahara

Der Inbegriff aller Wüsten – und die meisten denken sofort an Sand. Dabei sind ihre mehr als neun Millionen Quadratkilometer zu 80 Prozent von Steinen bedeckt.

5 Gobi

Heimat der Trampeltiere: Die Gobi liegt so tief im Landesinneren, dass Regenwolken sie kaum erreichen. Sie gehört zu den Kaltwüsten; deshalb tragen die Kamele hier auch ein dickes Fell.

6 Rhub al-Khali

»Das leere Viertel« nennt sich die größte zusammenhängende Sandwüste der Welt auf Arabisch. Sie ist doppelt so groß wie Deutschland.

7 Great Victoria Desert

Rot ist die typische Farbe des Outbacks, des Hinterlands von Australien, das aus Buschland und mehreren Wüsten besteht. Die Great Victoria Desert ist die größte von ihnen.

Was ist eine Wüste?

Heiße Tage, kalte Nächte: Nachts können die Temperaturen in der Wüste so stark absinken, dass sich Morgentau als Raureif auf den Sträuchern niederschlägt.

Wenn das so einfach zu beantworten wäre! Selbst Fachleute sind sich nicht einig. Wenn Geografen eine Landschaft als Wüste bezeichnen, dann spielen dabei meistens zwei Merkmale eine Rolle: die Vegetation, also die Verbreitung von Pflanzen, und das Klima, also Temperatur und Niederschlag.
Geht man vom Pflanzenwuchs aus, werden alle Landschaften als Wüsten bezeichnet, in denen weniger als zehn Prozent des Bodens mit Vegetation bedeckt sind. Nimmt man das Klima als Merkmal, dann ist Wüste überall dort, wo Wassermangel herrscht – wo es also sehr selten regnet und das wenige Wasser schnell wieder verdunstet. Der Fachbegriff für solche Trockengebiete lautet »arid«. Aridität wird häufig so definiert, dass in einer Gegend weniger als 150 Millimeter Niederschlag jährlich gemessen werden. Würde man den gesamten Regen mit einem Trichter auffangen, würde in einem Jahr nicht mal eine Cola-Dose voll! Kein Wunder, dass an so einem Ort dann auch keine Pflanzen wachsen!

Ist es in Wüsten immer heiß?

Wenn wir Wüste hören, denken wir vor allem an eins: sengende Hitze. Aber nicht jede Wüste muss heiß sein. Auch in kalten Regionen kann extremer Wassermangel herrschen und so zur Wüstenbildung führen. Selbst heiße Wüsten wie die Sahara oder die australischen Wüsten sind eher durch extreme Temperaturschwankungen als durch andauernde Hitze geprägt. Da es kaum Wasser gibt, das verdunsten könnte, bildet sich über den Trockengebieten keine Wolkendecke. Tagsüber brennt die Sonne deshalb ungehindert vom Himmel und sorgt für

Steppenläufer
werden vom Wind als dürre Gestrüppkugeln durch die Wüste gerollt. Für den Menschen ein Symbol für Trostlosigkeit und Verlassenheit, für die Pflanzen eine Überlebensstrategie: So verbreiten sie weiträumig ihren Samen.

Rekord
56,7 Grad
Celsius wurden am 10. Juli 1913 im Death Valley (Tal des Todes) in Kalifornien gemessen. Das Death Valley liegt 54 Meter unterhalb des Meeresspiegels.

Felszeichnungen beweisen, dass die Sahara nicht schon immer eine Wüste war: Hier hielten Steinzeitmenschen vor 7 000 Jahren fest, wie sie Giraffen jagen.

Angeberwissen

- Das Wüstenklima wird davon beeinflusst, wie groß die Wüste ist, wie hoch sie über dem Meeresspiegel liegt und wie weit sie vom Äquator entfernt ist.
- Die riesige Sahara liegt nur wenige Meter über dem Meeresspiegel und nah am Äquator. Als typische Wendekreiswüste ist sie eine der heißesten Trockenwüsten der Erde.
- Die kleinere Wüste Gobi liegt weit weg vom Äquator im asiatischen Hochland und zählt als typische Kontinentalwüste zu den kältesten Trockenwüsten der Erde.

extrem heiße Temperaturen. Mehr als 40 Grad Celsius sind in der Sahara nichts Besonderes. Nach Sonnenuntergang kühlt es sich aber ebenso schnell auf 15 Grad Celsius und weniger ab. Sogar Minustemperaturen wurden nachts schon gemessen! Denn nun entweicht die aufgewärmte Luft ungehindert in die Atmosphäre. Es fehlt die Wolkendecke, die die Wärme zurückhalten könnte. Wer in der Wüste unter den Sternen schlafen will, muss sich deshalb warm anziehen: Temperaturschwankungen von mehr als 30 Grad Celsius zwischen Tag und Nacht sind nicht selten. In der Atacama-Wüste können sogar Unterschiede von mehr als 45 Grad auftreten.

Seit wann gibt es Wüsten?

Die ältesten der heutigen Trockenwüsten entstanden vor höchstens fünf Millionen Jahren. Ausgerechnet die berühmteste Wüste, die Sahara, ist sogar noch jünger: Sie trocknete erst nach der letzten Eiszeit vor etwa 10 000 Jahren aus. Das beweisen Felsmalereien, in denen Steinzeitmenschen festgehalten haben, wie sie Giraffen jagen. Giraffen sind typische Savannenbewohner; also müssen die Ebenen damals grasbewachsen gewesen sein. In anderen Wüsten zeugen Fossilien von Baumstämmen davon, dass die Gegend vor vielen Tausend Jahren noch feucht und grün war.

Gibt es Wüsten in Europa?

Auf jedem Kontinent sind Wüsten zu finden – sogar in Europa. Die Desierto de Tabernas ist allerdings sehr klein, ungefähr halb so groß wie der Bodensee. Die Gegend im spanischen Andalusien ist durch hohe Gebirgszüge von den feuchten Winden des Mittelmeers abgeschnitten. Die karge Landschaft gibt eine Kulisse wie im Wilden Westen ab. Deshalb wurden dort so berühmte Filme gedreht wie »Winnetou« oder »Spiel mir das Lied vom Tod«.

Desierto de Tabernas: Warum in die USA fliegen, wenn es auch in Europa eine Kulisse wie im Wilden Westen gibt?

Wenn Sandwinde locker geschichtetes Sedimentgestein schleifen, können im Lauf der Jahrhunderte Yardangs entstehen.

Yardangs, also natürliche Windhöcker, könnten der Ursprung für die Sphinx gewesen sein, den liegenden Löwen mit Frauenkopf, der in Ägypten die Pyramiden bewacht.

Werk des Windes

Sahara ist arabisch und heißt Wüste. Wie keine andere hat die Sahara unser Bild von der Wüste geprägt und dabei denken wir vor allem an eins: Sand, so weit das Auge reicht. Doch das ist ein Trugschluss: Nur 20 Prozent der Sahara bestehen tatsächlich aus Sand, der weit größere Teil besteht aus Fels- und Geröllwüsten.

Wie entstehen Wüsten?

Die meisten Wüsten der Erde sind vor weniger als fünf Millionen Jahren entstanden. Ausgangspunkt für die Wüstenbildung ist immer der mangelnde Pflanzenbewuchs. Ob es Wassermangel wie bei den Trockenwüsten oder vor allem Wärmemangel wie bei den Kältewüsten ist: Wenn Pflanzen nicht überleben können, ist der Boden bald der Erosion preisgegeben. So nennt man die vielfältigen Verwitterungsprozesse, die dazu führen, dass eine Landschaft sich ohne menschliches Zutun verändert: Die

Hadley-Zirkulation

Trockenwüsten sind vor allem an den Wendekreisen verbreitet. Das liegt am geschlossenen Luftkreislauf über den Tropen und Subtropen, der auch Hadley-Zelle genannt wird. Die intensive Sonneneinstrahlung am Äquator führt zu starker Verdunstung, die in Bodennähe feuchte und schwere Luftmassen entstehen lässt. Diese bringen täglichen Regen, weshalb am Äquator die tropischen Regenwälder entstanden sind. Die weiter aufsteigenden trockenen Luftmassen ziehen als Passatwinde nach Norden und Süden. Dort kühlen sie ab und sinken trocken nieder. Deshalb haben sich in der Nähe der Wendekreise subtropische Trockengürtel ausgebildet. Besonders deutlich wird die Hadley-Zirkulation in Afrika, wo sich sowohl bei 30 Grad nördlicher als auch südlicher Breite große Wüsten gebildet haben.

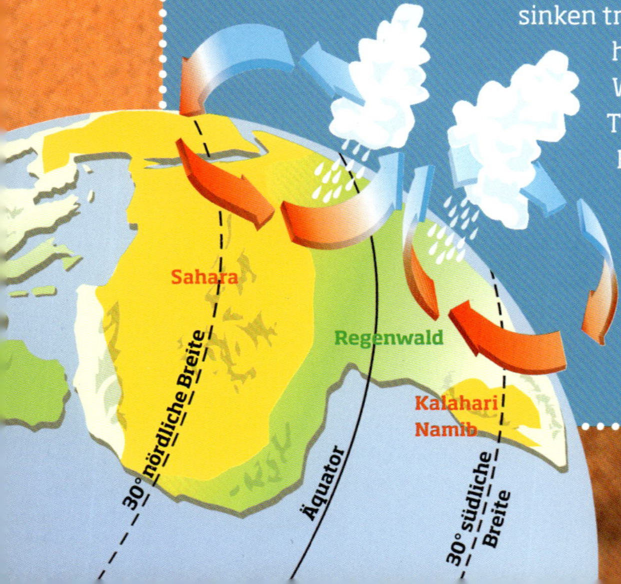

Das Monument Valley in der Colorado-Wüste ist berühmt für seine bizarren Felsformationen. Sie sind Schöpfungen der zerstörerischen Kraft von Wind und Wasser, Hitze und Frost.

Schon gewusst?

Jedes Sandkorn ist das Endprodukt eines Verwitterungsprozesses von vielen Millionen Jahren: Wind, Wasser, Sonne, Frost, Säuren und Mikroorganismen zerkleinern Gesteine zu Sand. In den Wüsten mit ihren starken Temperaturschwankungen ist die Verwitterung besonders stark.

White Sands heißen diese Dünen in der Chihuahua-Wüste. Hier ist weißer Gips zu sandähnlichen Körnern verwittert.

Erdschicht wird nicht mehr von Wurzeln gehalten und vom Wind davongetragen. Bald liegt das Gestein blank, die Sonne brennt darauf nieder. Hitze und Frost brechen das Gestein auf, es entstehen Geröllwüsten. Die feineren Partikel werden vom Wind fortgetragen und sammeln sich an anderer Stelle zu Sandwüsten.

Wüsten haben viele Gesichter

So wie die Sahara sich aus vielen verschiedenen Landschaftstypen zusammensetzt, so gleicht auch keine Wüste der anderen. Charakteristisch für ihr Erscheinungsbild sind neben den klimatischen Bedingungen die Gesteine. Geomorphologen unterteilen Wüsten deshalb auch in Stein-, Geröll-, Salz- und Sandwüsten – je nachdem, welche Gesteine vorherrschen und verwittert sind. Durch Erosion können auch skurrile Felsformationen entstehen, zum Beispiel Yardangs: Wenn in einem eher lockeren Sedimentgestein Brüche oder Wasserrinnen entstehen, schleifen Sandwinde die Flanken weiter ab und schaffen Felsgebilde mit einer breiten Vorder- und schmaleren Hinterseite. Da außerdem einzelne Schichten dem Wind weniger standhalten als andere, sieht es am Ende so aus, als würde das verbliebene Gestein auf einem Sockel thronen.

Wandernde Steine gaben jahrelang Rätsel auf: Die Brocken werden nicht etwa durch starke Winde bewegt, sondern durch Eisplatten, die sich in kalten Nächten unter den Steinen bilden und sie beim Schmelzen ins Rutschen bringen.

Häufig sind Felsen von braunschwarzem bis rötlichem »Wüstenlack« überzogen. Er entsteht, wenn mineralische Verbindungen durch Wasser aus dem Gestein gelöst werden, das später wieder verdunstet.

Meer aus Sand

Keine Fotomontage: In Lencois Maranhenses füllt Regen ganze Dünentäler. Durch die starken Atlantikwinde breitet sich die Sandwüste trotzdem weiter aus.

Die Dünenlandschaft Lencois Maranhenses an der Nordküste Brasiliens ist ein Beispiel dafür, dass Wüsten nicht regenarm sein müssen. Zwischen April und August regnet es dort sogar ganz schön heftig. Die Täler zwischen den Sanddünen füllen sich dann mit klarem Süßwasser, in dem sogar Fische leben. Trotzdem breitet sich die Wüste weiter aus. Der Sand wird in Massen von den Flüssen aus dem Landesinneren an die Küste geschwemmt, der Wind fegt ihn vom Strand wieder ins Land. So wird die wunderliche Dünenlandschaft Jahr für Jahr größer und verdrängt die ursprüngliche Vegetation.

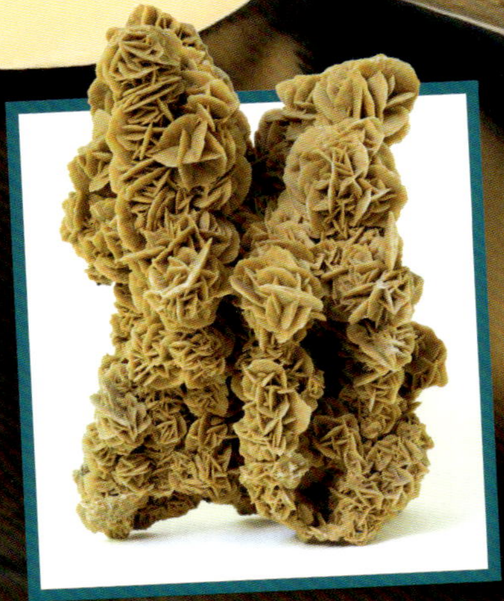

Sand kann bizarre Formen annehmen: Wenn Wasser schnell verdunstet, kristallisiert er zur Sandrose aus.

So entstehen Dünen

Wie schnell sich Dünen bilden, kannst du an einem windigen Tag am Strand selbst beobachten. Leg einfach eine Muschel oder ein Steinchen auf eine Stelle mit feinem, trockenem Sand und warte ab, was passiert: Der Wind streicht über den Strand und trägt dabei die leichten Sandkörnchen mit sich. Wenn er auf das kleine Hindernis trifft, bleibt ein Großteil der sandigen Fracht daran hängen. Es bildet sich ein kleiner, ovaler Hügel, der »Zungenhügel«. Dadurch wird das Hindernis für den Wind größer und es lagert sich noch mehr Sand ab, sodass sich eine Minidüne bildet. Genauso funktioniert es auch im Großen – je mehr Sand zur Verfügung steht, desto mächtiger wird die vom Wind aufgetürmte Düne.

Schon kleine Hindernisse führen zu Sandverwehungen.

Schwarzer Sand? Kannst du haben! Zum Beispiel auf der Vulkaninsel Lanzarote.

Die Farben des Sandes

Mit »Sandfarben« meinen wir meistens ein blasses Gelb. Sand hat aber viele Farben – je nach dem Ursprungsgestein, das im Lauf der Jahrtausende zu feinen Körnern zerkrümelt wurde: Quarz schillert in allen Tönen von Weiß über Gelb bis Rot, Gips ist schneeweiß, roter Sand ist extrem eisenhaltig und schwarzer Sand besteht aus vulkanischem Basaltgestein.

Seltsame Geräusche

Wüstenreisende berichten manchmal von seltsamen Geräuschen, die aus den Dünen kommen: Von Summen, Surren bis Dröhnen ist die Rede. Die Wissenschaft hat bislang keine unumstrittene Erklärung dafür. Sicher ist nur, dass die Töne vom Rutschen und Reiben des Sandes verursacht werden – und nicht von Dämonen und Geistern, wie manche Wüstenvölker glaubten.

Strichdüne

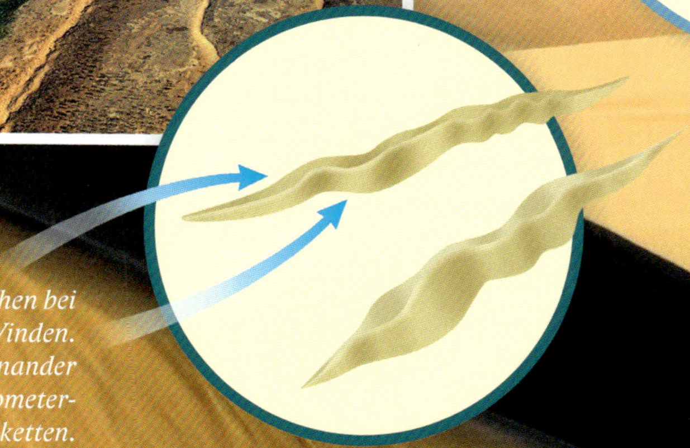

Strichdünen entstehen bei stetig wechselnden Winden. Oft gehen sie ineinander über und bilden kilometerlange Dünenketten.

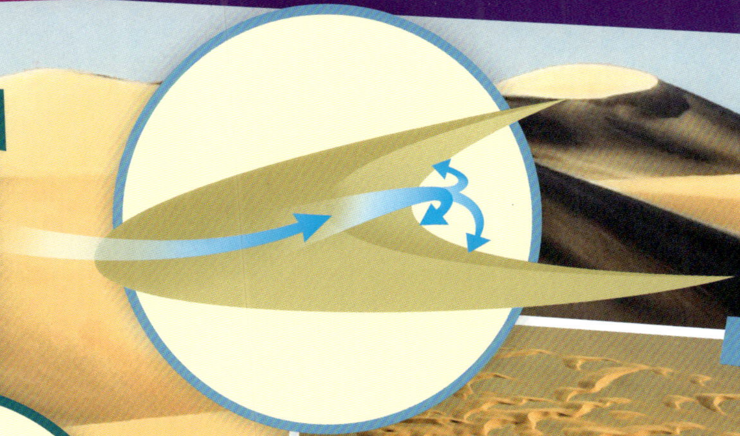

Sicheldüne

Sicheldünen sind die Urform der Düne. Sie entstehen, wenn der Wind längere Zeit aus einer Richtung bläst, und vor allem am Rand der Wüsten.

Wanderdüne

Jede Düne hat eine dem Wind zugewandte Seite, die Luvseite, und eine abgewandte, die Leeseite. Der Wind nimmt auf der sanft ansteigenden Luvseite den feinen Sand der Düne auf und trägt ihn ein Stück mit sich. Auf der steilen Leeseite fällt der Sand herunter. So wandert der Kamm der Düne stetig vorwärts – in manchen Regionen bis zu 20 Meter im Jahr!

Sterndüne

Sterndünen bilden sich, wenn sich die Windrichtung im Jahresverlauf ändert. Sie türmen sich bis zu 300 Meter hoch auf und verändern ihren Standort kaum.

Rekord

110 Meter

hoch ist Dune du Pilat. Die höchste Wanderdüne Europas liegt bei Arcachon an der französischen Atlantikküste.

Steinreich!

Die verschiedenen Wüsten des Großen Beckens im Südwesten der USA sind typische Regenschattenwüsten: Im Osten halten die Rocky Mountains, im Westen die Sierra Nevada Regenwolken ab.

Lastwagenfahrer, die zwischen Peru und Chile mit ihren schweren Sattelschleppern unterwegs sind, nehmen besonders gern Anhalter mit. So bekommen sie wenigstens ein bisschen Abwechslung. Denn auf ihrer mehrere Tage dauernden Fahrt entlang der Pazifikküste sehen sie links, rechts, am Horizont und im Rückspiegel immer nur eins: Steine. 1 200 Kilometer lang führt die Panamericana hier durch die Atacama-Wüste, die trockenste Wüste der Welt. Auch hier gibt es Leben, aber auf den ersten Blick ist nur eine Art Geröllhalde zu entdecken.

Warum ist die Atacama so trocken?

Man könnte sagen, die Atacama ist zwei Wüsten auf einmal: Sie ist eine Regenschattenwüste, weil an ihrem östlichen Rand die mehr als 5 000 Meter hohen Anden liegen. Sie lassen vom Atlantik heranziehende Wolken nicht auf die andere Seite.

Gleichzeitig ist sie eine Küsten- oder Nebelwüste. An der Westküste führt der Humboldtstrom extrem kaltes Wasser aus der Antarktis vorbei. Die feuchte Seeluft kann nicht aufsteigen, weil sie von Passatwinden aus dem Landesinneren heruntergedrückt wird. Statt Wolken zu bilden, kondensiert sie an der kalten Wasseroberfläche und erreicht das Land lediglich in Form von Nebelschwaden. Sie bieten für wenige, höchst spezialisierte Pflanzen die einzige Wasserquelle. Echter Regen lässt oft jahrzehntelang auf sich warten, an einigen Wetterstationen in der Atacama wurde noch nie ein Tropfen gemessen. Regionen, die so extrem trocken sind, nennt man hyperarid.

Schon gewusst?

Vielleicht ist dir mal aufgefallen, dass der Boden am Fuß einer Mauer nach einem Regenschauer oft noch trocken ist. Denn die Tropfen kommen meist etwas von der Seite und werden von der Wand abgehalten – ähnlich dem Schattenwurf bei Sonnenschein. So ist der Begriff »Regenschatten« entstanden.

Hohe Gebirgszüge fangen die vom Meer kommenden Winde ab. Die feuchte Luft steigt an den Bergflanken auf, bildet Wolken und regnet ab. Die jenseits der Berge liegenden Landstriche bekommen dagegen keinen Regen und trocknen aus.

Atacama
Geröll, so weit das Auge reicht – im Regenschatten der Anden erstreckt sich die Wüste über 1 200 Kilometer vom Süden Perus bis Nordchile.

Mumien ohne Grabkammer

Ein Vorteil der extremen Trockenheit ist, dass sie zur Konservierung eingesetzt werden kann. Lange bevor die Ägypter Mumien in Pyramiden legten, hat das chilenische Steinzeitvolk der Chinchorro seine Toten einbalsamiert. Obwohl die Leichname zum Teil aus dem Boden herausschauten, blieben sie im Klima der Atacama mehr als 7 000 Jahre mit Haut und Haaren erhalten. Rätselhaft war nur, warum vor allem so viele Babys und Kinder mit einem derart aufwendigen Ritual bestattet wurden. Wissenschaftler meinen den Grund dafür gefunden zu haben: Im Grundwasser der Umgebung wurde Arsen nachgewiesen, ein Gift, das zu einer hohen Kindersterblichkeit geführt haben könnte. Die Mumifizierung wäre der Versuch, mit diesem Schicksal umzugehen. Ewiges Leben scheint aber leider auch den Mumien nicht vergönnt zu sein, denn einige beginnen seit Kurzem zu zerfallen. Schuld ist vermutlich der Wandel hin zu einem feuchteren Klima. Er begünstigt Bakterien, die die menschlichen Überreste zersetzen.

Wüste am Meer

Direkt am Meer gelegen und doch einer der trockensten Orte der Welt: In der Namib an der Westküste Afrikas wirkt ein ähnliches klimatisches Zusammenspiel wie in der Atacama. Hier ist es der Benguelastrom, der kaltes Wasser aus der Polarregion bringt und für Nebelbildung sorgt. Der starke Nebel hat auch immer wieder Schiffe in Seenot gebracht; davon zeugen die Wracks an der Küste, die deshalb auch Skelettküste genannt wird. Nebelwüsten finden sich meist an den Westküsten der Kontinente.

Der Seewind bringt feuchte Luft, die nicht aufsteigen kann, weil sie von warmen Landwinden niedergehalten wird. Statt Wolken zu bilden, kondensieren die unteren Luftmassen über dem kalten Wasser zu Nebel, der nur den Küstenrand erreicht. Das Hinterland trocknet aus.

Trockenheit als Konservierungsmittel: Mehr als 7 000 Jahre hat diese Mumie aus Chinchorro in der Atacama-Wüste überdauert.

In der Namib machen Nebeltrinker-Käfer auf den Dünen Kopfstand, damit sich Nebeltropfen auf ihrem Körper niederschlagen und zum Mund herablaufen. Das hat Forscher auf die Idee gebracht, mit großen Netzen Kondenswasser zum Trinken einzufangen.

Salz der Erde

Salzwüsten gehören zu den faszinierendsten Landschaftsformen der Wüsten. Sie entstehen in Bodensenken, die einst voll Wasser standen. Im Verlauf von Tausenden von Jahren verdunstet es in der Hitze, zurück bleibt das zuvor im Wasser gelöste Salz. Es kristallisiert und bildet eine harte Kruste auf dem Boden, die aussieht wie die Eisdecke eines zugefrorenen Sees.

Unglaublich!

Nicht nur die Mauern dieses Hotels in der Salar de Uyuni sind aus Salzziegeln errichtet, selbst die Stühle und Betten wurden komplett aus Salzblöcken gebaut.

Woher kommt das Salz?

Man könnte meinen, dass es sich um Überbleibsel der salzigen Urmeere handelt, die einst weite Teile der heutigen Kontinente bedeckt haben und möglicherweise in den Senken wie Pfützen stehen geblieben sind. Aber die Urmeere verschwanden viele Millionen Jahre vor der Entstehung der heutigen Salzwüsten. Tatsächlich stammt das Wasser meist aus den umliegenden Bergen. Es handelt sich also zunächst um Süßwasser, das auf seinem Weg durch das Gestein

Salzbaum

Besonders groß wird er nicht, aber dass er überhaupt wächst, grenzt an ein Wunder: In den Wüsten Asiens liefert der Saksaul genannte Salzbaum oft das einzige Brennholz sowie Futter für Kamele und Schafe.

Wenn Regen fällt, verwandeln sich Salzwüsten in glatte Wasserflächen, die wie ein Spiegel alles reflektieren.

Mineralsalze aufnimmt. Die Salzkonzentration im Wasser steigt, je mehr Wasser verdunstet – bis schließlich nur noch Salzkristalle übrig bleiben.

Die Wüste hat was auf der Pfanne

Weil die Salzwüsten aus Gewässern mit klar umrissenen Ufern entstehen, tauchen sie oft abrupt inmitten steiniger oder sandiger Wüsten auf. Entsprechend der glatten Wasseroberfläche der ehemaligen Seen sind sie oft extrem eben. Man spricht deshalb auch von »Salzpfannen«. Berühmt sind zum Beispiel das Death Valley in Kalifornien oder die Etosha-Pfanne in Namibia. Am häufigsten kommen Salzwüsten in den Kontinentalwüsten Asiens vor. Mit 10 000 Quadratkilometern ist die Salar de Uyuni im Süden Boliviens die größte Salzwüste.

Viele Flamingoarten brüten in den Salzseen Südamerikas. Dort ernähren sie sich von kleinen Salzwasserkrebsen und Algen.

Gesalzene Reise

Salzwüsten sind besonders lebensfeindlich. Schon der bloße Anblick des schneeweißen Bodens schadet den Augen, weil er das grelle Sonnenlicht zurückwirft. Die Salzkruste ist scharfkantig und unter ihr lauern oft sumpfige Löcher, in die man leicht einbrechen kann. Auch Technik hilft kaum weiter: Der Salzgehalt der Luft ist so hoch, dass das Metall angegriffen wird und Geräte leicht kaputtgehen. Sollte es mal regnen, füllen sich manche Salzpfannen zwar mit schönem, klarem Wasser; aber der Schein trügt: Der Salzgehalt ist doppelt so hoch wie bei Meerwasser und das Wasser somit ungenießbar. Auch wenn viele Salzwüsten inzwischen beliebte Reiseziele sind – ihre Durchquerung birgt für Unerfahrene noch heute viele Gefahren.

Salar de Uyuni
Jeeps fahren auf der 30 Meter dicken Salzkruste. Zu viele Touristen stören leider die empfindliche Natur.

Wie Inseln ragen Felsen aus der Salzwüste heraus. Hier blühen plötzlich Kakteen und Vögel zwitschern. Sie haben sich perfekt an ihren nicht mal einen Quadratkilometer großen Lebensraum angepasst.

Wüste eiskalt

In Eiswüsten, die von Gebirgen durchzogen werden, gibt es sogenannte Nunatakker – felsige Bergkuppen, die aus dem Eis ragen und Flechten einen Lebensraum bieten.

Flechten sind Lebensgemeinschaften aus Pilzen und Algen, die auch bei starkem Frost noch Fotosynthese betreiben können. Diese hier werden Landkartenflechten genannt.

Die meisten Tiere der Eiswüsten leben an den Küsten: In der Arktis fressen Eisbären Robben, die wiederum vom Nahrungsangebot des Meeres zehren.

Antarktis

In Eiswüsten herrschen dauerhaft extreme Minustemperaturen und der Boden ist unter Eisschilden begraben.

Der Gegenblättrige Steinbrech wächst in Grönland. Der gelbe Perlwurz ist eine von zwei Blütenpflanzen, die in der Antarktis gedeihen.

Die Arktis und die Antarktis zählen zu den größten Wüstengebieten der Erde. Die Polarregionen erfüllen zwar nicht unsere Vorstellung von unerträglich heißen Orten, dafür aber alle Kriterien, die Geografen für Wüsten gelten lassen: Es lässt sich kaum ein Pflänzchen blicken und Niederschläge gibt es sehr selten. Die Polarwüsten unterteilen sich in Eiswüsten, die dauerhaft von Eis bedeckt sind, und Kältewüsten, die zumindest zeitweise eisfrei sind und in denen noch bis zu zehn Prozent des Bodens mit Pflanzen bedeckt sind.

Kaum Neuschnee

Der Feuchtigkeitsmangel der Polarwüsten ist nicht nur darin begründet, dass sich Regen sofort in Schnee verwandelt. Im Polarsommer fallen in manchen Regionen durchaus Tropfen vom Himmel. Aber ähnlich wie die Hadley-Zelle über den Wendekreiswüsten sorgt die sogenannte Polarzelle für eine in sich geschlossene Luftzirkulation, die verhindert, dass feuchte Luft aufsteigt und Niederschläge bis ins Landesinnere bringt. So gibt es am Südpol auch jedes Jahr nur wenige Zentimeter Neuschnee.

Leben unter dem Gefrierpunkt

Der Hauptgrund für die Wüstenbildung an den Polen ist aber nicht Trockenheit, sondern Wärmemangel. Für die meisten Pflanzen ist es hier zu kalt – und selbst die, die Frost ertragen können, schaffen es nicht, ihre Wurzeln in den Boden zu treiben. Weil er ganzjährig gefroren ist, nennt man ihn Permafrostboden. Außerdem ist die Sonne im Polarwinter viele Monate lang nur wenige Stunden am Tag zu sehen. Es fehlt den Pflanzen schlicht das Licht. Unter solchen

Unglaublich!

In manchen antarktischen Trockentälern hat es vermutlich schon seit Millionen von Jahren nicht geregnet. Die Böden sind deshalb extrem versalzen. Auf ihnen findet man manchmal Wasserpfützen, die selbst bei extremen Minustemperaturen nicht zufrieren, weil sie einen so hohen Salzgehalt haben.

Pinguine stecken in ihrem Gefieder wie in einem Daunenschlafsack. So halten sie die Minusgrade am Südpol aus.

Nur selten kommt es durch Verwehungen zu eisfreien Flächen, die aus vegetationslosem Schuttboden bestehen. Diese Gebiete nennt man antarktische Trockentäler.

Bedingungen gedeihen fast nur noch Moose, Algen und Flechten. Nur wenige Blühpflanzen können sich in Bodensenken, in denen das Licht wie in einem Parabolspiegel gebündelt wird, halten. Aber auch dort werden sie selten größer als fünf Zentimeter. Entsprechend finden Tiere in den Kältewüsten ein eingeschränktes Nahrungsangebot. Sie müssen andere Tiere erbeuten oder sich auf den Reichtum der Meere verlassen.

Marslandschaft

Starke Winde, die Blizzards, streichen über die Kältewüsten hinweg. Da es keine schützende Pflanzendecke gibt und keine Humusschicht, die sich aus abgestorbenen Pflanzenteilen bilden würde, liegt das Gestein frei. Durch Frostverwitterung entsteht Frostschutt, der fast so aussieht wie der scharfkantige graue Splitt, den man bei uns auf Baustellen verwendet. Eine Marslandschaft – im wahrsten Sinne des Wortes. Denn der Mars ist, wie viele andere Planeten wahrscheinlich auch, von solchen Kältewüsten überzogen.

Wüste oder nicht?

Streng genommen müsste man auch die kahlen Gipfel der Gebirge als Kältewüsten bezeichnen. Und Meeresforscher sprechen sogar angesichts der extrem nährstoffarmen Tiefsee von »Wasserwüsten«. Als Laie käme man allerdings kaum auf diese Idee. Da lassen schon eher die kargen Vulkanlandschaften Islands an Wüsten denken. Doch weit gefehlt: Deren Pflanzendecke ist zwar unter Lava begraben, aber dies ist nur ein vorübergehender Zustand. Es regnet ausreichend, um zwischen dem Lavageröll irgendwann wieder Grün hervorzubringen. Alles nicht so einfach mit den Wüsten …

Gestein hat überall kleine Spalten und Klüfte, in die Wasser eindringen kann. Wenn es gefriert, dehnt es sich aus und sprengt den Stein auseinander. Diese Frostverwitterung gehört zu den wichtigsten Formen der Erosion.

Rekord

-93,2 Grad

Celsius wurden im Inneren der Antarktis gemessen. Das macht die Antarktis zum kältesten Ort der Erde.

In der Sonora-Wüste wachsen Kakteenwälder statt Bäume. Der Gila-Specht pickt seine Bruthöhlen deshalb in die Stämme von Saguaro-Kakteen – oft schon ein Jahr im Voraus, damit das Nest noch austrocknen kann.

Wehrhafte Spezialisten

Etwa 1 400 Pflanzenarten wachsen in dem riesigen, fast neun Millionen Quadratkilometer großen Gebiet der Sahara. Das klingt nach viel? So viele verschiedene Arten findet man im Regenwald auf nur wenigen Quadratkilometern! Der entscheidende Unterschied ist die Verfügbarkeit von Wasser. Wie wichtig Wasser für Pflanzen ist, das weiß jeder, der zu Hause mal vergessen hat, die Blumen zu gießen. Dabei kann man aber auch erleben, dass ein kräftiger Schwung aus der Gießkanne Totgeglaubte wieder zum Leben erweckt. Die zähesten aller Pflanzen sind die Sukkulenten. So nennt man Pflanzen, die Wasser auf Vorrat speichern können. Die berühmtesten unter ihnen sind die Kakteen, die natürlicherweise nur in Amerika vorkommen, dort aber von Nord bis Süd verbreitet sind.

Kugeln und Säulen

Kakteen sind Stamm-Sukkulenten, das heißt, sie speichern Wasser in ihrem Stamm. Anders als bei Bäumen gehen ihre Wurzeln kaum in den Boden. Dafür breiten sie sich umso weiter aus. Wenn es einmal regnet, können sie mit ihrem riesigen Wurzelnetz enorm viel Wasser aufnehmen – dicht unter der Oberfläche, bevor es versickert und verdunstet. Damit die Kakteen selbst möglichst wenig von dem aufgenommenen Wasser durch Verdunstung wieder verlieren, sind ihre Blätter zu den charakteristischen dünnen Dornen zurückgebildet.

Kakteen können die unterschiedlichsten Formen haben. Einige Arten wachsen aufrecht wie Säulen und verzweigen sich, andere bilden dicke Kugeln. Der kleinste Kaktus, Blossfeldia liliputana, misst kaum mehr als einen Zentimeter im Durchmesser, der Riesen-Cardon-Kaktus kann dagegen 20 Meter hoch werden und an die zehn Tonnen wiegen! Die meisten Kakteen wachsen extrem langsam und können mehrere Hundert Jahre alt werden.

Die Dickhäuter unter den Pflanzen

Neben den Kakteen gibt es auf der ganzen Welt auch Sukkulenten, die Wasser in ihren dickfleischigen Blättern speichern. Oft ist der morgendliche Tau ihre einzige Wasserquelle. Dornen und piksende Härchen erfüllen dabei mehrere Funktionen: Sie schützen nicht nur vor Fressfeinden, sondern fangen auch Kondenswasser auf und leiten es zu den Wurzeln. Außerdem schützen sie die Außenhaut vor der direkten Sonneneinstrahlung. Demselben Effekt dienen eine reflektierende Wachsschicht und die

Der Igelkaktus treibt gelbe Blüten aus, die von Fledermäusen bestäubt werden.

Viele Tiere ernähren sich von Kaktusfrüchten und verbreiten so die Samen. Kaktusfeigen sind auch für Menschen lecker.

Unglaublich!

Der nordamerikanische Saguaro- oder Orgelpfeifen-Kaktus wird mehr als 15 Meter hoch und kann bis zu 8 000 Liter Wasser speichern – umgerechnet mehr als 40 Badewannen voll!

So speichert der Kaktus Wasser

Kakteen können in wenigen Tagen viele Hundert Liter Wasser aufnehmen. Wie schaffen sie das, ohne zu platzen? Ihr Trick sind Längsrippen, die sich wie bei einer Ziehharmonika dehnen. In der Mitte des Kaktus sind ringförmig die Leiterbündel angeordnet. Sie pumpen das Wasser aus den Wurzeln in das fleischige Gewebe. Dabei entfaltet sich die gerippte Außenhaut wie bei einer Luftmatratze, die aufgeblasen wird. Bleibt es trocken, schrumpft der Kaktus wieder zusammen. Der Wasservorrat reicht für ein Jahr.

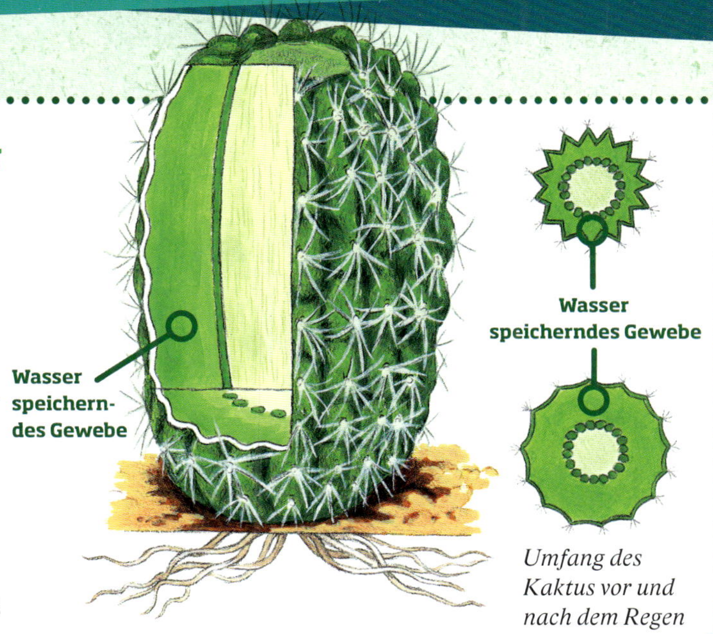

Umfang des Kaktus vor und nach dem Regen

oft hellgraue statt dunkelgrüne Farbe der Pflanzen. Viele Sukkulenten und andere Wüstenpflanzen sind außerdem dazu übergegangen, nachts Fotosynthese zu betreiben. Um Kohlendioxid in Zucker und Sauerstoff umzuwandeln, müssen sie es durch ihre Spaltöffnungen (Stomata) aufnehmen. Indem sie diese auf der Unterseite ihrer Blätter verstecken und nur nachts öffnen, vermeiden sie Feuchtigkeitsverlust.

Kaktus als Survivaldrink?

In Filmen sind Kakteen manchmal die letzte Rettung für Verdurstende in der Wüste. In der Tat gibt es einige Arten, wie den Fasskaktus, bei denen das gespeicherte Wasser leicht zugänglich ist: Man kann die Kakteen auseinanderbrechen und die Flüssigkeit aus dem schwammartigen Gewebe aussaugen. Das ist aber nicht immer unproblematisch: Oft schmecken die Pflanzensäfte bitter und einige Kakteen sind sogar giftig. Dies erkennt man meistens, aber nicht immer, daran, dass die Flüssigkeit milchig ist. Besser ist es in jedem Fall, ausreichend Wasser dabeizuhaben und vom eigenen Vorrat zu trinken!

Angeberwissen

- Auch wenn man von Dornröschen und stacheligen Kakteen spricht: Streng botanisch betrachtet tragen Rosen Stacheln und Kakteen Dornen.
- Dornen sind meist umgewandelte Sprossachsen oder Blätter, also ehemalige Organe der Pflanze. Stacheln dagegen werden aus der Außenhaut oder dem Rindengewebe der Pflanzen gebildet.
- Die »Stacheln« der Kakteen sind Blattdornen. Sie dienen den Kakteen zur Abwehr von Pflanzenfressern und verhindern die Verdunstung von Wasser über groß ausgebildete Blätter.

Agaven treiben bis zu zwölf Meter hohe Blütenstände aus (1). Der Saft der Aloe-Pflanze wird in der Kosmetik eingesetzt (2). Blatt-Sukkulenten wie das Dickblatt wachsen meist dicht am Boden und nehmen auch über die Außenhaut Wasser auf (3). Typisch sind fleischige Speicherblätter wie bei der Fingerpflanze (4).

Köcherbäume wachsen in der afrikanischen Namib-Wüste. Wie Kakteen sind sie Stamm-Sukkulenten.

Die Tricks der Pflanzen

Kakteen sind nicht die einzigen Dornenritter der Wüste. Die Mehrzahl der Pflanzen in trockenen und vegetationsarmen Gebieten weiß sich gegen Fressfeinde zu wehren. Denn was selten ist, ist begehrt. Noch dazu decken viele Tiere in der Wüste über die Pflanzenkost nicht nur ihren Energie-, sondern auch ihren Flüssigkeitsbedarf. Denn frische Grünpflanzen und Sukkulenten können bis zu 90 Prozent Wasser enthalten. Sogar Samen, Stängel und alte Blätter bestehen noch zur Hälfte aus Flüssigkeit und stellen eine gute Wasserquelle dar.

Warten auf Wasser

Die Wüstenpflanzen haben vielfältige Überlebensstrategien. Während Kakteen und andere Sukkulenten die Trockenheit mithilfe ihrer Wasserspeicher überdauern, gehen andere Pflanzen ihr einfach aus dem Weg: Bei vielen krautigen Gewächsen stirbt der oberirdische Teil bei Wassermangel ab und treibt erst wieder aus, wenn genügend Feuchtigkeit vorhanden ist. Vor allem bei Blumen und Gräsern schlummern die Samen im Wüstenboden, bis sie anhaltender Regen zum Leben erweckt. Sie durchlaufen dann in nur sechs bis acht Wochen alle Entwicklungsstadien – vom Austreiben über die Blüte bis zur Frucht. Dass sich die Wüste über Nacht in ein Blütenmeer verwandelt, ist aber etwas übertrieben. Die meisten Pflanzen stellen sogar durch keimungshemmende Stoffe sicher, dass der Samen erst keimt, wenn die Feuchtigkeit ausreicht, um den Lebenszyklus bis zur Bildung neuer Samen abzuschließen. Ein paar Regentropfen bringen also die Wüste noch nicht zum Blühen; dafür muss es schon mehrere Tage hintereinander spürbaren Regen geben.

Etwas tiefer, bitte!

In der Wüste sind Bäume von unschätzbarem Wert. Sie spenden tagsüber Schatten und

Rekord

80 Meter

tief können die Pfahlwurzeln der Akazien in der Namib oder Sahara in den trockenen Boden vorstoßen.

Die Auferstehungspflanze oder »Rose von Jericho« kann viele Jahre wie leblos überdauern.

Der Baobab wirft bei Dürre seine Blätter ab. Sein Stamm kann 20 Meter dick werden und 100 000 Liter Wasser speichern. Aus den festen Rindenfasern werden Seile hergestellt.

Die seltsame Welwitschie besteht aus zwei riesigen, zerfransten Blättern. Sie kommt ausschließlich in der Namib vor und kann 2 000 Jahre alt werden. Sie versorgt sich aus dem Grundwasser, nimmt aber über ihre Blätter auch Nebel auf.

liefern Feuerholz für kalte Nächte. Zum Glück haben sich einige Arten an das trockene Klima angepasst. Doch wie kommen die Bäume an ausreichende Mengen Wasser? Ihnen bleibt nur eine Möglichkeit: mit langen Wurzeln das Grundwasser zu erreichen. Unterirdische Wasserspeicher befinden sich oft entlang ausgetrockneter Flussläufe, den Wadis, wo dann auch besonders viele Bäume stehen. Akazien und Tamarisken treiben ihre Wurzeln 50 Meter und tiefer in den Boden. Für sie besteht die größte Schwierigkeit zu Beginn, wenn sie mit ihren noch zarten Wurzeln im Erdreich Fuß fassen wollen, das von der Sonne hart gebacken ist. Tamarisken und einige andere Pflanzen können außerdem salzhaltiges Wasser aufnehmen. Das Salz wird über Blattdrüsen wieder ausgeschieden.

Oben ohne

Auch Wüstenbäume müssen aufpassen, dass sie nicht zu viel Wasser durch Verdunstung verlieren. Ihre Blätter sind deshalb eher schmal und fedrig. Der afrikanische Baobab, auch Affenbrotbaum genannt, kann sein Laub sogar abwerfen, um Wasser zu sparen. An seinen kahlen Ästen hängen dann nur noch wie Lampionschmuck die kugelrunden Früchte. Vor Feuchtigkeitsverlust schützt den Baobab auch seine bis zu zehn Zentimeter dicke Rinde.

Desierto florido: Alle paar Jahre bringt das Klimaphänomen El Niño Regen in die Atacama und die Wüste beginnt zu blühen.

Einsame Überlebenskünstler

Amerikanische Wüstenbussarde sind die einzigen Greifvögel, die in der Gruppe jagen. In der Wüste sind Beutetiere so selten, dass man sie auf keinen Fall entwischen lassen darf!

Die langen Beine der Wüstenspringmaus schützen ihre inneren Organe vor der Hitze, die der Boden ausstrahlt.

Kängurus sind die Symboltiere Australiens und berühmt dafür, dass sie ihre Babys im Beutel durch die Gegend tragen.

Ähnlich wie den Pflanzen in der Wüste geht es den Tieren: Sie müssen versuchen, trotz Wassermangel zu überleben. In der Sahara leben nur etwa 50 Säugetierarten, aber immerhin 350 verschiedene Arten von Schwarzkäfern. Nur wenige Arten haben es geschafft, ihren Körperbau und ihr Verhalten an die extremen Bedingungen anzupassen. Am besten gelingt das den Nagetieren, denn ihr Körperbau ist klein und sie können ihren Wasserbedarf allein aus wasserreicher Pflanzenkost decken. Renn- und Springmäuse bieten wiederum die Nahrungsgrundlage für Schlangen, Greifvögel, Wüstenfüchse und Schakale. Viele Tiere sind grau oder sandfarben, denn Tarnung ist sehr wichtig: In den baum- und strauchlosen Wüstenlandschaften finden Raubtiere kaum Deckung und Beutetiere kaum Schutz.

Genügsame Wanderer

Was ihren Speiseplan angeht, sind die meisten Tiere nicht sehr wählerisch, denn allzu oft läuft einem in der Wüste keine Mahlzeit über den Weg. So fressen Schakale auch Insekten und Wüstenfüchse graben auch Pflanzenknollen aus. Pflanzenfresser müssen oft weite Wege in Kauf nehmen, um ein ausreichendes Nahrungsangebot zu finden. So ziehen Antilopen und Gazellen dauernd zwischen den wenigen Weideflächen an den Wüstenrändern oder in Gebirgen umher. Gazellen folgen den Regenwolken, um das frisch sprießende Gras zu weiden. Viele Wüstentiere sind dämmerungs- oder nachtaktiv, denn bei Lufttemperaturen bis zu 50 Grad Celsius und einem noch heißeren Boden könnte ein längerer Ausflug am Tage tödlich sein.

Sommer- statt Winterschlaf

Viele kleine Säuger wie Wüstenspringmäuse oder Dickschwanzmäuse kennen noch einen weiteren Trick, um dem Hitzetod zu entgehen: Sie »übersommern« einfach in ihren Erdbauen. Der Sommerschlaf ist das Gegenstück zum Winterschlaf, den Tiere in unseren Breiten halten, um Phasen der Nahrungsknappheit zu überdauern. Stoffwechsel und Atmung werden dann stark herabgesetzt, wodurch der Energieverbrauch sinkt und die Tiere in ihren Erdhöhlen bleiben können, statt auf Futtersuche zu gehen. Schon in 30 Zentimeter Tiefe sinkt die Temperatur auf an-

Elefanten stellt man sich gerne planschend vor. Tatsächlich lieben auch die Wüstenelefanten in der Namib Wasser, nur dass sie seltener Gelegenheit haben, ein ausgiebiges Bad zu nehmen … Wüstenelefanten sind etwas kleiner als ihre Verwandten in der Steppe.

In Oasen lauern Raubtiere auf durstige Beute. Das Flughuhn legt seine Eier deshalb lieber mitten in der Wüste und versorgt seine Küken, indem es das Brustgefieder mit Wasser tränkt.

genehme 25 Grad Celsius, während sich die Sandoberfläche auf mehr als 70 Grad aufheizen kann. Auch die relative Luftfeuchtigkeit beträgt in den unterirdischen Bauen der Springmäuse mehr als 30 Prozent.

Nester ohne Bäume

Vögel sind am schlechtesten an das Leben in der Wüste angepasst. In der Sahara gibt es nur 18 Vogelarten! Nur Insektenfresser können ihren Flüssigkeitsbedarf aus der Nahrung decken, Körnerfresser benötigen zum Verdauen ihrer Kost zusätzliches Wasser. Und Vögel haben in den vegetationslosen Wüstenregionen ein zusätzliches Problem: Es fehlen die Bäume, um Nester zu bauen. Viele Vögel, wie Flughühner oder Dünenlerchen, brüten deshalb am Boden. Greifvögel, wie Bussarde und Adler, die sonst riesige Horste bauen, legen ihre Eier in der Wüste oft auf den nackten Fels. Einziger Vorteil der Flieger: Sie können auf der Suche nach Nahrung und Wasser weite Strecken zurücklegen. Die Palmtaube zum Beispiel fliegt täglich 70 Kilometer zum Trinken. Mit Ausnahme von Eulen sind alle Vögel der Wüste tagaktiv, überdauern aber die heißesten Stunden im Schatten von Steinen oder Büschen.

Als Weidetiere ziehen Antilopen und Gazellen weit umher. Wasser nehmen sie über ihre Pflanzenkost auf.

Die mongolische Saiga-Antilope muss das Vorbild für Alf gewesen sein – zumindest mutet sie mit ihrer rüsselartigen Nase außerirdisch an.

Schakale sind mit dem Wolf verwandt und leben wie dieser in Rudeln. Mit ihren kräftigen, langen Beinen können sie große Strecken zurücklegen und gut sprinten. Sie jagen vor allem nachts. Oft müssen sie mit Insekten vorliebnehmen, manchmal reißen sie kleinere Gazellen. Reste vergraben sie im Sandboden – eine Vorratshaltung, die auch bei anderen Wüstentieren zu finden ist.

Schon gewusst?

Durch eine vergrößerte Paukenhöhle im Mittelohr können viele Wüstentiere lange Wellenlängen besser wahrnehmen. Da tiefe Töne über weitere Entfernungen zu hören sind als hohe, ist dies für das Leben in der offenen Landschaft ein großer Vorteil, denn so können sie leichter Beute aufspüren oder früher flüchten, wenn sich ein Fressfeind nähert.

Große Ohren statt Ventilator

Der Wüstenfuchs, Fennek genannt, bewohnt die Sandwüsten Nordafrikas und wiegt bei einer Körperlänge von weniger als 40 Zentimetern ein gutes Kilo. Sein Körperbau ist typisch für Wüstentiere – klein, leicht, behaarte Sohlen (gegen Verbrennungen auf dem heißen Sand) und vor allem: überproportional große Ohren (ein Fünftel der Körperoberfläche!).

Die Ohren sind von vielen Äderchen durchzogen, die sich bei Hitze noch erweitern können, um möglichst viel Wärme nach außen abzugeben. Der gesamte Stoffwechsel hat sich auf Hitze und Trockenheit eingestellt. Der Fennek setzt Energie ein Drittel langsamer um als andere Tiere seiner Größe und sein Herz ist fast halb so groß wie zu erwarten wäre. Außerdem kann er bei großer Hitze dreihundertmal so schnell atmen wie sonst. Er macht dann 690 statt 23 Atemzüge pro Minute!

Klapperschlangen tragen Hornverdickungen an ihrem Schwanzende. Mit ihnen rasseln sie laut, wenn sie vor einer Bedrohung nicht mehr fliehen können. Normalerweise flüchten die Tiere aber oder graben sich schnell in den Boden ein.

Abgetaucht!

Insekten und Reptilien sind wechselwarm, das heißt, ihre Körpertemperatur schwankt abhängig von der Außentemperatur. Viele verbringen die meiste Zeit tief unter dem Sand oder in selbst gegrabenen Erdhöhlen. So sind sie tagsüber vor der sengenden Sonne geschützt und in den kalten Nächten können sie ihre Körperwärme halten. Insekten haben außerdem oft ein sehr dickes und festes Außenskelett, das den Körper vor Austrocknung schützt.

Vom Sand in den Mund

Tiere, die keine langen Strecken zurücklegen können, müssen in der Wüste oft mit dem auskommen, was ihnen der Wind vor die Nase weht. Winzige abgestorbene organische Substanzen, Detritus genannt, sind leichter als Sand und sammeln sich deshalb auf der Oberfläche. Besonders viel Detritus landet auf der Leeseite der Dünenkämme, weil dort immer wieder Sand abrutscht und so Spinnenbeine, Samenkörner oder ein verdorrtes Blättchen zutage fördert. Dort oben, auf nicht mehr als einem Prozent der Dünenoberfläche, tummelt sich deshalb das Leben. Detritivoren nennt man jene Tiere, die sich von den Wüstenabfällen an den Rutschflächen ernähren. Sie kommen nur zur Futtersuche heraus. Dabei müssen sie aufpassen, nicht von den nächstgrößeren Tieren in der Nahrungskette, von Giftspinnen, Skorpionen, Waranen und Vögeln gefressen zu werden.

Tautrinker

Viele der Insekten und kleineren Echsen leben nur von Tauwasser, das sich durch die Temperaturunterschiede zwischen Tag und Nacht auch auf ihren eigenen Körpern niederschlägt. Bei einigen Arten vermutet man, dass sie Feuchtigkeit direkt über ihre Haut aufnehmen können. Andere leiten das wenige Wasser durch mikroskopisch kleine Rillen in ihrer Haut zum Maul. Damit das klappt, üben sich einige Tiere regelrecht in Akrobatik. So stemmt die Krötenkopfagame ihren Schwanz als Stütze auf den Boden und reckt ihr Hinterteil in die Höhe, damit das Wasser über den Rücken zum Kopf laufen kann.

Skorpione leben in der Wüste meist unter Steinen und Sträuchern. Wenn es sein muss, überdauern sie mit einer einzigen Insektenmahlzeit ein ganzes Jahr! Die Spinnentiere können nicht scharf sehen, obwohl sie bis zu zwölf Augen haben. Stattdessen erspüren sie ihre Beute durch Bodenvibrationen und Luftbewegungen.

Aufgeblasener Kerl

Wüstenwarane verstecken sich tagsüber in Erdhöhlen. Morgens und abends gehen die »Landkrokodile« auf die Jagd nach kleinen Nagern und bodenbrütenden Vögeln. Meist müssen sich die bis zu 1,50 Meter langen Echsen aber mit Käfern und Heuschrecken begnügen. Wird ein Waran angegriffen, pumpt er seine Lungen voll Luft, stellt sich auf die Hinterbeine und faucht und zischt furchterregend.

Termiten verspeisen in der Namib-Ebene 80 Prozent des Grases. In Australien machen sie sich über ganze Holzhäuser her. Dafür bilden sie aber auch eine wichtige Nahrungsquelle für Vögel, Echsen und kleine Säugetiere.

Kraulen im Sand

Der Apothekerskink oder Sandfisch läuft so schnell durch den Sand, dass es aussieht, als würde er wie ein Fisch im Wasser schwimmen.

Körper als Rad

Die Radlerspinne kullert mit angezogenen Beinen die Dünenhänge hinunter und macht dabei auch Saltos.

Schneeschuhe

Der fingerlange Namib- oder Schwimmfußgecko lebt auf den Sanddünen. Seine Zehen sind durch eine Haut verbunden. So kann er wie mit Schneeschuhen im Tiefschnee im lockeren Sand nicht einsinken.

Rollen, stapfen, schwimmen

Wenn du schon mal barfuß am Strand gelaufen bist, weißt du, wie die Füße einsinken und wegrutschen. Anstrengend ist das! In der Wüste aber kann sich niemand erlauben, Energie zu vergeuden. Deshalb haben einige Tiere eigenwillige Fortbewegungsmethoden entwickelt …

Kriechspur mit Lücken

Der Seitenwinder setzt erst den Kopf auf, lässt den halben Körper folgen und rückt schon mit dem Kopf weiter. Dadurch entstehen die körperlangen, seitlich versetzten Abdrücke.

Wüstenteufel

Alles nur Tarnung: Wie ein welkes Blatt legt sich der australische Wüstenteufel neben Ameisenstraßen und pickt mit seiner klebrigen Zunge die Ameisen heraus.

Aliens vom Wüstenplaneten

Agamen sind leguanartige Schuppentiere, die auf allen Erdteilen vorkommen und enorm anpassungsfähig sind. Die meisten sind tagaktiv.

Krötenkopfagame

Sie macht einen auf furchterregend, misst aber bloß etwa 25 Zentimeter (inklusive Schwanz!). Die Krötenkopfagame lebt in Trockengebieten von Arabien bis Asien.

Dornschwanzagame

Die Allesfresser sind in Felswüsten von Nordafrika bis Südwestasien verbreitet. Für Dürreperioden sind sie gewappnet, indem sie in ihren dicken Schwänzen Reserven anlegen.

»Wüstenschiff« mit Klimaanlage

Für Menschen kann eine um drei Grad erhöhte Körpertemperatur lebensgefährlich sein. Kamele dagegen halten ein Plus von bis zu sieben Grad Celsius gut aus. So müssen sie nicht schwitzen und vermeiden Flüssigkeitsverluste. Ihre eigene Klimaregulierung läuft über den Blutkreislauf: Durch Verdunstungskälte an der feuchten Nasenschleimhaut wird das Blut abgekühlt und zunächst in einen Hohlraum unterhalb des Gehirns geführt. Durch diesen Hohlraum läuft die Halsschlagader. Sie teilt sich dabei in viele kleine Stränge auf und gibt Wärme an das kältere Blut ab. Durch dieses »Wundernetz« wird das Blut vor der Ankunft im Gehirn um bis zu drei Grad heruntergekühlt.

Schon gewusst?

Kamele können bis zu drei Wochen in der Wüstensonne überleben, ohne zu trinken – Esel nur vier Tage, Menschen sogar nur zwei. Aber wo speichern die Kamele nun ihr Wasser? Im ganzen Körper! Ihre roten Blutkörperchen sind nicht rund, sondern oval. Zur Flüssigkeitsaufnahme können sie sich auf das 200-Fache ihrer ursprünglichen Größe ausdehnen. Dadurch können Kamele nach einer längeren Durststrecke bis zu 140 Liter in zehn Minuten in sich hineinschlürfen!

Dromedar

Die einhöckrigen Kamele stammen aus der arabischen Wüste. Im Höcker befinden sich keine Wasservorräte, sondern Fettreserven. Dafür fehlt eine isolierende Fettschicht unter der Haut, damit der Körper überschüssige Wärme leicht abgeben kann.

Schaukelgang

Die langen, dünnen Beine heben den Körper vom heißen Boden ab. Kamele laufen im Passgang: Sie heben gleichzeitig beide Beine einer Seite, verlagern also das Gewicht. Wer auf einem Kamel reitet, wird wie bei Seegang hin- und hergeschaukelt – daher der Spitzname »Wüstenschiff«.

Vier Mägen

Kamele sind Wiederkäuer mit vier Mägen, in denen die Pflanzenfasern eingeweicht und vergoren werden. Dadurch können sie auch extrem harte Kost sehr gut verwerten. Sie kauen täglich acht Stunden, das macht 28 000 Kaubewegungen! Oft machen sie dabei gurgelnde Geräusche und Pflanzenbrei tropft ihnen aus dem Maul.

Schwielensohler

Kamele gehören zu den Paarhufern. Sie haben zwei Zehen mit Nägeln, die mit elastischem Bindegewebe ummantelt und mit Fett gepolstert sind. Deshalb nennt man ihre Unterordnung Schwielensohler. Die tellergroße Sohle verhindert das Einsinken im Sand und schützt vor Schnittverletzungen und Verbrennungen.

Kein Kuscheltier

Im Oberkiefer hat das Kamel nur zwei Schneidezähne; diese Hauer sind scharf wie Säbel. Auch die Eckzähne sehen aus wie Löwenzähne. Tatsächlich setzen Kamele ihre Reißzähne nur in der Paarungszeit ein, um Rivalen wegzubeißen. Zum Kauen benutzen sie die mahlsteinartigen Backenzähne.

Schutzbrille

Lange, dichte Wimpern schützen die Augen vor Flugsand.

Nase zu

Auch die Nüstern sind verschließbar, damit kein Sand eindringen kann. Der Feuchtigkeitsverlust durch Verdunstung wird ausgeglichen, indem beim Ausstoßen des heißen Atems Wasserdampf an den Schleimhäuten kondensiert.

Greifwerkzeuge

Mit der gespaltenen Vorderlippe und ihrer langen, unempfindlichen Zunge pflücken Kamele auch aus Dornenbüschen Essbares heraus.

Knie-schoner

An den Knien und Schenkeln tragen Kamele ledrige Polster. So verbrennen sie sich nicht, wenn sie sich hinlegen. Der Steinboden kann nämlich bis zu 80 Grad Celsius heiß werden – das reicht, um ein Spiegelei darauf zu braten!

Zweihöckrige Kamele nennt man Trampeltiere. Sie leben in den Kaltwüsten Zentralasiens, daher ihr warmes, zotteliges Fell.

Ein Leben auf Wanderschaft

Kamele tragen den Menschen mit Sack und Pack durch den heißen Sand – Strapazen, denen Pferde und Esel nicht gewachsen sind. Ohne Kamele wäre deshalb die Wüste möglicherweise nie besiedelt worden. Denn ein sesshaftes Leben ist fast nicht möglich. Zumindest solange der Mensch von Vieh und Weideland abhängig ist. Die wenigen Flächen, auf denen Gräser und andere Futterpflanzen wachsen, sind schnell überweidet. Der Regen fällt mal hier, mal dort. Hier schwillt ein Flusslauf an, dort trocknet ein Wasserloch aus. Wie Pflanzen und Tiere müssen deshalb auch die menschlichen Wüstenbewohner hart im Nehmen und extrem flexibel sein.

Wüstenmenschen sind traditionell Nomaden

Menschen, die kein festes Zuhause haben, sondern von Ort zu Ort ziehen, nennt man Nomaden. Streng genommen bezeichnet man so nur wandernde Hirten, die ständig auf der Suche nach Weideflächen für ihr Vieh sind. Man kann aber auch allgemein Menschen so bezeichnen, die sich nicht an einem bestimmten Ort niederlassen. Diese nomadische Lebensweise wurde von fast allen Wüstenvölkern praktiziert – seien es arabische Beduinen, die Aborigines in Australien oder die Inuit in den Eiswüsten Kanadas und Grönlands. Nomaden halten als Familien zusammen und reisen meist in einem größeren Clan, der auch die entfernte Verwandtschaft einschließt, ihrer Lebensgrundlage hinterher – dorthin, wo es frisches Gras gibt, reiche Jagdgründe oder einfach nur trinkbares Wasser. Dies erfordert ein großes Wissen und viel Erfahrung, denn die Wüstenlandschaft ist sehr veränderlich. Oft kehren die Gruppen erst nach Jahren wieder an denselben Ort zurück.

Funny Fact

Kamel im Kofferraum

Die durch Erdöl reich gewordenen Beduinen in den Arabischen Emiraten sind sesshaft geworden und züchten Kamele fast nur noch für Rennen. Die Lastentiere werden nun selbst wie kostbare Ware auf Autos zu den Wettkämpfen und Märkten transportiert.

Pferde dienen als schnelle Reittiere vor allem zur Jagd. Anders als das Trampeltier würden sie unter der Last einer mongolischen Jurte zusammenbrechen.

Mit Kajaks gingen die Inuit auf Robbenjagd. Die wendigen Boote hatten einen Rahmen aus Knochen oder Holz, der mit Fell bespannt wurde.

Auch Inuit sind traditionell Nomaden. Ihren Hausstand ließen sie von Schlittenhunden übers Eis ziehen.

Lieder statt Landkarten

Die meisten Nomaden der Wüste haben keine Schriftkultur entwickelt (wer wollte auch Bücher durch die Wüste schleppen?). Sie geben ihr Wissen seit Jahrhunderten mündlich von Generation zu Generation weiter. Die Aborigines, die Ureinwohner Australiens, haben eine besondere Erzähltradition entwickelt: In ihren »Songlines« verbinden sie Legenden über die Erschaffung der Welt mit geografischen Informationen über die durchwanderte Landschaft.

Untergang der Nomadenkultur

Obwohl sie an entgegengesetzten Polen der Welt leben, teilen Aborigines und Inuit ein ähnliches Schicksal. Ihre traditionelle Lebensweise wurde mit der Ankunft der Europäer im 17. und 18. Jahrhundert zerstört. Das Land, das bis dahin niemandem gehörte, wurde von den Fremden in Besitz genommen. Ein Umherziehen war so nicht mehr möglich. Die eingewanderten Europäer hielten die Nomadenkultur für primitiv. Die Ureinwohner wurden gezwungen, in Häusern zu wohnen und zu arbeiten. Viele von ihnen starben in dieser Zeit auch an eingeschleppten Krankheiten. Beide Völker haben heute Probleme mit Arbeitslosigkeit und Alkoholismus in ihren Reihen. Dies hat mit dem Bruch in ihrer Kultur zu tun, aber auch mit der vielfach erlebten Diskriminierung. Heute versuchen die beiden Minderheiten, den modernen Alltag stärker mit einer selbstbewusst gelebten Tradition zu verbinden, um neue Perspektiven zu finden.

Gibt es heute noch Nomaden?

Einem Großteil der Beduinen hat die Moderne mehr Glück gebracht: Mit den Ölfunden in der arabischen Wüste in den 1960er Jahren wurden sie reich und sie mussten diese Reichtümer nicht mit Kolonialisten teilen. Sie wurden sesshaft und Städte wie Doha und Dubai unterscheiden sich in ihrem Komfort heute nicht von anderen Großstädten. Trotzdem gibt es auch noch Beduinen, die ein – eher ärmliches – Leben als Händler oder Viehtreiber führen. Auch in der Sahara versuchen noch einige Stämme, nomadisch zu leben. Doch das wird immer schwerer: Staatsgrenzen und Privateigentum schränken die Bewegungsfreiheit ein und beschneiden damit auch die Versorgungsmöglichkeiten der Nomaden.

»Songlines«

Die Ureinwohner Australiens erschließen sich die riesigen Weiten ihres Kontinents mit Gesang. Die »Songlines« geben ihnen spirituellen Halt und handfeste Orientierung. Wer das Lied singt, findet den Weg zum Wasserloch …

Die ursprüngliche Kultur der Aborigines wurde durch die europäischen Kolonialisten zerstört. Die Nachfahren kämpfen heute noch um ihren Platz in der modernen Gesellschaft.

Die blauen Reiter

Das indigoblaue Tuch, Tagelmust genannt, ist das Markenzeichen der Tuareg. Die Stoffbahn ist mehr als vier Meter lang. Sie wird in Wachs getränkt und erhält so ihren seidigen Schimmer.

Sie waren einst das mächtigste Volk der Sahara: die Tuareg. Sie handelten mit kostbarem Salz und Vieh und kontrollierten Handelswege über mehrere Tausend Kilometer. Die Tuareg waren der einzige Berberstamm, der nomadisch lebte. »Tuareg« wird heute – ähnlich wie »Zigeuner« im Deutschen – oft als Schimpfwort benutzt. Sie selbst bezeichnen sich als Imuhar. Von anderen Berbern im Maghreb werden sie auch »Das blaue Volk« genannt. Denn ihre indigoblauen Tücher färben oft so ab, dass selbst die Gesichter einen blauschwarzen Schimmer tragen.

Die Tuareg sind die berühmtesten Nomaden der Sahara. Fast alle sind inzwischen sesshaft geworden.

»Piraten der Wüste«

Europäer schauen oft mit einem verklärten Blick auf die Tuareg: Als stolz und edel werden sie gerne bezeichnet, ihre Gesellschaft wird als kämpferisch beschrieben und mit dem europäischen Ritteradel verglichen. Tatsächlich hielten sich die Familienverbände früher schwarze Sklaven für die Landarbeit und bewaffnete Reiter überfielen manche Handelskarawane. Innerhalb der Gesellschaft ist die Macht aber nicht hierarchisch verteilt: Vor größeren Entscheidungen finden gemeinsame Beratungen statt, an denen auch die Frauen beteiligt sind. Anstelle eines Stammesältesten gibt es jeweils bei Männern und Frauen eine von allen respektierte Person, die dann am Ende eine Entscheidung trifft – zum Beispiel wann ein Lager verlassen oder wo ein neues aufgeschlagen werden soll.

Schmiede genießen bei den Tuareg hohes Ansehen. Oft konnten die Tuareg sich mit Waffengewalt gegenüber Konkurrenz in der Wüste behaupten, manchmal überfielen sie auch Oasen oder Handelskarawanen. Deshalb nannte man sie »Piraten der Wüste«.

Mehr Frauenrechte

Die Tuareg sind muslimisch, legen den Koran aber auf ihre Weise aus. Die Frauen haben mehr Rechte als in den meisten arabischen Stammesgesellschaften und suchen sich ihre Männer aus. Auch das Familienzelt gehört ihnen. Zwischen den Geschlechtern herrscht strikte Arbeitsteilung. Die Frauen kümmern sich um das Kleinvieh, kochen und halten das Zelt in Schuss. Die Männer sind bei den Dromedaren. Mit der Kamelzucht erwirtschaften sie ein Zusatzeinkommen und können so in den Oasen Dinge kaufen, die nur mit Geld zu erwerben sind.

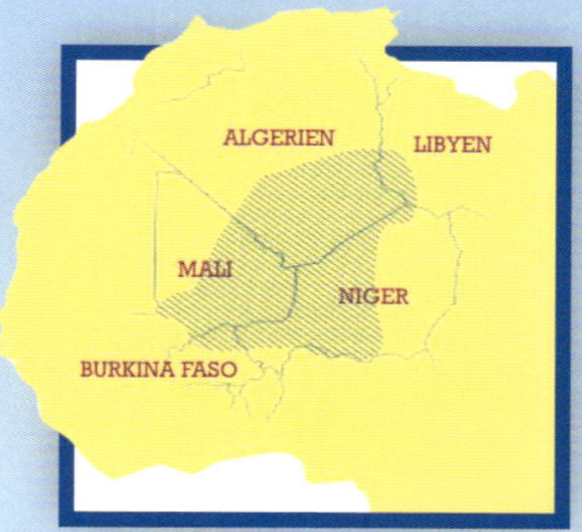

Heute leben etwa anderthalb Millionen Tuareg auf einem etwa zwei Millionen Quadratkilometer großen Gebiet zwischen Algerien, Libyen, Niger, Burkina Faso und Mali. Das Wort »Tuareg« wurde – ähnlich wie die Bezeichnung Eskimo für die Inuit – von europäischen Kolonialisten eingeführt.

Frauen erledigen praktisch alle Tätigkeiten, die fürs Überleben wichtig sind: Sie besorgen Wasser und Feuerholz, melken die Ziegen und verarbeiten die Milch. Die Männer sind oft tagelang mit den Kamelherden unterwegs.

Strenge Sitten

Das Nomadenleben ist anstrengend und erfordert einen geregelten Tagesablauf. Dem entspricht eine Kultur mit festen Ritualen. Um Energie zu sparen, muss kontinuierlich gearbeitet werden – lieber einmal am Tag wenig Holz sammeln als einmal in der Woche ganz viel. Auch der Zusammenhalt der Familien ist wichtig. Feste, bei denen Frauen die Tende, eine Trommel, schlagen und viel gesungen wird, fördern das Gemeinschaftsgefühl.

Worträtsel und Geheimsprachen

Lebensweisheiten und Anstandsregeln werden über Sprichwörter weitergegeben – typisch für ein Volk mit mündlicher Überlieferungstradition. Abends, wenn man, außer am Feuer zu sitzen, nicht viel machen kann, werden Geschichten erzählt. Auch Worträtsel sind beliebt. Zum Beispiel: »Es geht voran, hat aber keine Fußspur.« Antwort: »Der Ruf.« Außergewöhnlich ist die Verwendung von Geheimsprachen. So gibt es eine Sprache, die nur Erwachsenen vorbehalten ist – praktisch, wenn die Kinder im Zelt mal etwas nicht verstehen sollen! Aber auch Handwerker schotten sich mit einem eigenen Code ab. Da wundert es nicht, dass sich auch die Stammeszugehörigkeit über Sprache definiert: Wer Tamahaq spricht, ist ein Imuhar, heißt es.

Mit dem Tagelmust schützen die Reiter ihre Augen vor Sonne und Sand. Durch den eingefangenen feuchten Atem trocknen auch Lippen und Nase hinter dem Tuch nicht so schnell aus.

Die Braut erwartet den Bräutigam mit festlicher Hennabemalung. Eine Hochzeit dauert mehrere Tage. Die Frauen der Tuareg haben mehr Rechte als in anderen islamischen Stämmen. So heiratet der Mann in die Familie der Frau ein. Trennt sich das Paar, muss er sich eine neue Bleibe suchen.

Bei der Rallye Paris–Dakar geht es nicht unbedingt darum zu gewinnen, sondern sich unter extremen Bedingungen zu beweisen.

Kulturstätten wie die Felsenstadt Petra in der jordanischen Wüste sind heute vielen Kulturinteressierten eine Reise wert.

Abenteurer, Händler und Forscher

Wer in einer Wüstennacht zu den Abertausenden Sternen hinaufschaut, kann durchaus überwältigt sein. Der Mond scheint riesig, die Himmelskuppel ganz nah und der Mensch – so klein er ist – als Nabel der Welt.
Kein Wunder, dass in den Wüstenregionen des Nahen Ostens die monotheistischen Religionen entstanden sind. Juden, Christen und Moslems glauben nicht an verschiedene Götter, die sich in der belebten Natur zeigen, sondern an einen einzigen, unsichtbaren, aber allmächtigen Gott. Auch heute erleben viele Reisende einen Aufenthalt in der Wüste als spirituelle Erfahrung, die sie auf ihre Gefühls- und Gedankenwelt zurückwirft.

Wer war zuerst in der Wüste?

Die ersten Europäer, die eine Gegend »entdeckten«, waren meist nicht die ersten Menschen an diesem Ort. Abgesehen von den Nomaden, die in der Wüste zu Hause sind, waren es zunächst vor allem Händler, die sich in die Wüste wagten. Sie kauften zum Beispiel Salz in Afrika, um es in Europa zu verkaufen. Dabei kamen sie an der Sahara nicht vorbei. Andere brachten Seide aus dem fernen China nach Europa und streiften dabei die asiatischen und arabischen Wüsten. Berühmte Handelsreisende, wie der italienische Kaufmann Marco Polo im 13. Jahrhundert, mieden aber das Risiko und nahmen lieber Umwege in Kauf. Die berühmte Seidenstraße führte deshalb stets am Rand der Wüsten entlang. Erst im 19. Jahrhundert, als der Wettlauf um Rohstoffe zwischen den europäischen Staaten immer enger wurde, finanzierten die Kolonialmächte auch Expeditionen in die Wüste hinein – in der Hoffnung, Handelsrouten abzukürzen oder neue Rohstoffquellen zu finden.

Warum reisen Menschen heute durch die Wüste?

Zu den rein wirtschaftlichen Interessen gesellte sich bald auch die Neugier, fremde Kulturen zu erforschen. Von Höhlenmalereien bis zu kunstvollen Bauwerken – Wüsten wie die Sahara bergen zahlreiche

Rekord

520 km

weit führt die Tarim-Fernstraße zu den Erdölfeldern mitten in der chinesischen Wüste Taklamakan.

Um den Tarim-Highway zu bauen, mussten auch die Wanderdünen am Straßenrand aufgehalten werden. In ihre Befestigung investierte die chinesische Regierung viele Millionen Euro. Trotzdem müssen ständig Räumfahrzeuge Sand von der Fahrbahn schieben, weshalb die 1995 fertiggestellte Straße als teuerste der Welt gilt.

Kunstschätze und archäologische Stätten, die heute noch von Forschern aus der ganzen Welt besucht werden. Botaniker und Biologen fragen sich, wie Tiere und Pflanzen in dieser lebensfeindlichen Gegend zurechtkommen. Und Touristen genießen neben den beeindruckenden Naturschönheiten und Kulturstätten in der Wüste auch die besondere Stille.

Wie durchquert man die Wüste?

Zu Fuß in Begleitung eines Kamels ist heute noch eine sehr gute Möglichkeit, die Wüste zu durchqueren. Schneller geht es natürlich mit dem Jeep: Die Erfindung des Allradantriebs hat das Reisen durch die Wüste nachhaltig verändert und verkürzt die Anstrengung und die Reisezeit enorm. Noch dazu gibt es heute GPS, also satellitengestützte Navigation, wo sich Reisende früher nur auf Kompass und Orientierungssinn verlassen konnten. Die Fahrer brauchen aber sehr viel Erfahrung und eine geübte Fahrtechnik. Gerade in Sandwüsten gibt es tückische Stellen, in denen sich auch ein Jeep festfahren kann. Da muss man Tricks kennen – zum Beispiel dass man im Laufe des Tages etwas Luft aus den Reifen lässt, weil der Sand in der Sonne weicher wird und die Auflagefläche der Räder dann größer ist.

Ozeanriesen in der ägyptischen Wüste: Der 1869 eröffnete Suezkanal führt vom Mittelmeer ins Rote Meer und eröffnete den Seeweg nach Indien. Er verkürzt noch heute die Handelsroute zwischen Europa und Asien um rund 10 000 Kilometer.

Vom Wohlstand Timbuktus zeugen auch die mehrstöckigen Grabstätten und Moscheen. Viele dieser einzigartigen Lehmbauten wurden 2012 von radikalen Islamisten zerstört.

Timbuktu!

Der Name klingt nach Abenteuer: Timbuktu ist die sagenumwobene Stadt am Niger, jenseits der Sahara, mitten in Afrika. Anfangs nur eine kleine Oase der Tuareg, mit einem Brunnen und wenigen Häusern, entwickelte sie sich durch das Salzgeschäft zu einer reichen Handelsstadt, die im 19. Jahrhundert auch verstärkt das Interesse der Europäer weckte. Die ersten auch wissenschaftlich ernst zu nehmenden Reiseberichte aus Timbuktu stammen von dem deutschen Geografen Heinrich Barth. Vor ihm waren mehrere deutsche und englische Timbuktu-Expeditionen missglückt oder endeten sogar mit der Ermordung der Reisenden. Abgesehen von seiner Fähigkeit, körperliche Strapazen zu ertragen, war Barths Forschungsreise wohl auch deshalb so erfolgreich und ergiebig, weil er den Einheimischen mit Respekt begegnete.

Wüstenforscher Heinrich Barth (1821–1865)

Heinrich Barth erreichte Timbuktu 1853 und hielt sich sieben Monate dort auf. Insgesamt reiste er sechs Jahre durch die Sahara-Region und verfasste 3 593 Seiten, die noch heute als Quelle zur Sahara-Geschichte dienen.

Steckt das Rad im weichen Boden fest, werden Sandbleche untergelegt, die den Druck auf eine größere Fläche verteilen.

Keine Wüstentour ohne Panne: Neben Allradantrieb sollte der Jeep mit Ersatzteilen, Reserverad und Kompressor ausgestattet sein.

Gefahren in der Wüste

Anders als Tiere und Pflanzen können sich Menschen körperlich nicht so gut an die lebensfeindlichen Bedingungen in der Wüste anpassen. Ihre größten Feinde sind Hitze und Durst. Ohne Schatten und Wasser können wir nur wenige Tage in der Wüste überleben.

Verdursten oder erfrieren

Der Mensch ist ein gleichwarmes Lebewesen, das heißt, er muss seine Körpertemperatur konstant zwischen 36,5 und 37,5 Grad Celsius halten. Bei einer Körpertemperatur von mehr als 42 Grad Celsius kann in den Zellen kein normaler Stoffwechsel mehr stattfinden und es droht Lebensgefahr. Zum Glück kann der Mensch – in engen Grenzen – seine Temperatur regulieren und einer Überhitzung entgegensteuern. Die wichtigste Maßnahme, die dem Menschen hierfür zur Verfügung steht, ist das Schwitzen. Die Verdunstungskälte kühlt den Körper ab. Das Problem ist jedoch: Dabei verliert der Körper Wasser (und Salz).
An einem normalen Tag in Deutschland ist das ein halber Liter. Das gleichen wir aus, indem wir trinken. Bei höheren Temperaturen oder größerer Anstrengung steigt aber der Wasserverlust. In der Sahara kann ein Mensch schnell sieben Liter am Tag durch Schwitzen verlieren; läuft er zu Fuß durch die Dünen und strengt sich an, sogar das Doppelte! Nimmt der Körper nicht entsprechend mehr Flüssigkeit auf, fängt er an zu dehydrieren und trocknet aus. Erste Symptome sind Sprachstörungen und ein unsicherer Gang; hält der Zustand an, kann der Mensch nicht lange überleben.
In Kältewüsten führt anhaltender Wärmeverlust ebenso unweigerlich zum Tod: Herz und Atem bleiben stehen, wenn die Körpertemperatur unter 28 Grad Celsius sinkt.

Was ist eine Fata Morgana?

Eine Fata Morgana ist nicht wirklich gefährlich. Allerdings kann sie Menschen in die Irre führen, zum Beispiel weil plötzlich eine Oase gesichtet wird, wo gar keine ist – zumindest kommt diese Situation in vielen Abenteuerromanen vor! Eine Fata Morgana ist eine Luftspiegelung, die bei großer Hitze entsteht, wenn heiße auf kühlere Luftschichten treffen. Die warme Luft dehnt sich aus, ist also dünner. Die kühlere Luft ist dichter. Dort, wo beide Schichten aufeinandertreffen, kann das Licht wie in einem

In vielen Wüstenstaaten, vor allem in Nordafrika und auf der Arabischen Halbinsel, gab oder gibt es zurzeit kriegerische Konflikte. Dort ist das Risiko groß, auf eine Mine zu fahren oder Rebellen in die Hände zu fallen.

Ob die Gazellen die Fata Morgana sehen? Wo heiße auf kalte Luftschichten treffen, spiegeln sich weit entfernte Landschaften.

»Trinken, trinken, trinken!« lautet eine Regel in der Wüste. Der Urin sollte immer klar wie Wasser sein. Ist er dunkel gefärbt, hat man zu wenig Flüssigkeit aufgenommen und es droht Dehydrierung.

Spiegel reflektiert werden. Bei der Oase handelt es sich also nicht um Einbildung, sondern um ein reales Objekt, das allerdings aus großer Ferne gespiegelt wird. Um eine Fata Morgana zu sehen, musst du aber gar nicht in die Wüste reisen: An heißen Sommertagen bilden sich auch über dem aufgeheizten Straßenasphalt spiegelnde Luftschichten. Allerdings sind die gespiegelten Objekte dabei meist nicht allzu weit entfernt, sodass du den echten Gegenstand, ein herannahendes Auto zum Beispiel, und sein flirrendes Spiegelbild gleichzeitig sehen kannst.

Begraben unter Sand

Auch ohne Fata Morgana kann man sich in der Wüste leicht verirren. Die meisten Wüsten sind riesige, weite Räume ohne erkennbare Wege. Auf Schotter hinterlassen Reifen keine Spuren, im Sand sind sie schnell verweht. Noch dazu sind Landschaftsmarken, die Orientierung bieten, selten. Dies gilt besonders für die Sandwüsten, wo nicht nur die Dünen stetig wandern, sondern auch heftige Sandstürme wehen. Einer der berüchtigsten ist der Kara Buran, der »schwarze Sturm«, der in der asiatischen Taklamakan schon ganze Karawanen verschluckt haben soll. Wer in einen Sandsturm gerät, sieht schlagartig nichts mehr, als sei er in dichten Nebel geraten. Hat sich der Sturm gelegt, ist die Landschaft komplett umgestaltet und nicht wiederzuerkennen. Es wurden schon ganze Städte von riesigen Mengen Sand begraben. Wird der Sand übrigens ordentlich durcheinandergewirbelt, kann Treibsand entstehen.

Die Sandkörner liegen so locker aufeinander, dass Menschen oder Kamele beim Betreten einer solchen »luftigen« Stelle einbrechen und ins Bodenlose versinken. Dieses Phänomen ist im trockenen Sand aber äußerst selten. Treibsand tritt eher auf, wenn sich Sand mit Wasser mischt.

Risiko Mensch

Technische Hilfsmittel wie Allradantrieb, GPS und Funk lassen Wüstendurchquerungen heute nicht mehr so gefährlich erscheinen. Die größte Bedrohung geht leider oft von anderen Menschen aus. Denn in vielen Wüstenstaaten Afrikas und Asiens schwelen zur Zeit politische Konflikte. Dabei wurden auch schon Touristen angegriffen oder entführt, um Forderungen durchzusetzen.

Schon gewusst?

Sandstürme können Millionen Tonnen von Sand bewegen. Sehr kleine Körner können dabei hoch in die Luft gewirbelt und mit den Wolken Tausende Kilometer weit transportiert werden. So kann es passieren, dass nach einem Regen bei uns ein feiner, roter Staubfilm zurückbleibt – ein kleiner Gruß aus der Sahara!

Stürme bewegen nicht nur Dünen, sondern können ganze Häuser unter Tonnen von Sand begraben.

Grüne Inseln des Lebens: Oasen

Unglaublich!
Der französische Geologe Jacques Savornin entdeckte 1947, dass unter der Sahara Milliarden von Kubikmetern fossiles Wasser schlummern. Fossil, weil das Wasser seit Jahrmillionen unter kilometerdicken Gesteinsschichten eingeschlossen und vom Wasserkreislauf abgeschnitten war.

Oasen sind Orte, an denen man mitten in der Wüste Wasser findet. Wir stellen uns dabei meist kleine, grüne Inseln in der Wüste vor, mit üppigen Palmen und einem kühlen Quell in der Mitte. Solche Bilderbuchoasen gibt es durchaus, oft aber wachsen die Ansiedlungen zu richtigen Dörfern mit Feldwirtschaft oder sogar kleinen Städten mit Industriebetrieben an. Nicht umsonst bedeutet das altgriechische Wort »oasis« »bewohnter Ort«. Das Wasser ermöglicht eine Sesshaftigkeit in der Wüste. Es zieht dann Karawanen und Händler, Wirtschaftsbetriebe und auch kulturelles Leben an.

Flusswasseroase: der Nil

Der Name sagt es schon: Bei Flusswasseroasen speist sich das Wasser aus einem Fluss. Dieser entspringt an einem regenreichen Ort und bringt das Wasser von dort in die Wüste. Bestes Beispiel ist der Nil, mit fast 7 000 Kilometern der längste Fluss der Erde. Er füllt sich aus den schweren Tropenregen in Ostafrika und kann mit seinen Wassermassen die Sahara durchqueren, ohne auszutrocknen. Das Nildelta, die vielarmige Flussmündung ins Mittelmeer, gilt mit mehr als 22 000 Quadratkilometern als größte Oase der Welt. In ihrem fruchtbaren Überschwemmungsland entstand mit dem Ägypten der Pharaonen eine der ersten Hochkulturen der Menschheit.

O'zapft is!

Nicht der ganze Regen, der in der Wüste fällt, verdunstet. Wie bei uns versickert das Wasser im Erdreich, bis es auf eine undurchlässige Gesteinsschicht trifft und sich sammelt. An manchen Stellen tritt das Wasser aufgrund von Gesteinsverwerfungen von alleine an die Oberfläche und es entstehen natürliche Quellwasseroasen. An anderen kommen die unterirdischen Wasserreservoire zumindest so weit nach oben, dass sie angezapft werden können, indem man einen Brunnen gräbt. Heute ist es möglich, Brunnen bis in große Tiefen zu

Angeberwissen

- Grundwasseroasen entstehen, wenn das Grundwasser sich über einer wasserundurchlässigen Gesteinsschicht sammelt und durch Schächte und Brunnen zugänglich gemacht werden kann.
- In Flusswasseroasen bringen Flüsse das Wasser aus weit entfernten, regenreichen Regionen.
- In Quellwasseroasen muss nach dem Wasser nicht gebohrt werden. Aufgrund der geologischen Gegebenheiten tritt das Grundwasser von allein zutage.

Kairo ist von einer kleinen Oase im Nildelta zur Megacity mit acht Millionen Einwohnern angewachsen.

Wasser, das sich über undurchlässigen Gesteinsschichten im Untergrund sammelt, tritt stellenweise zutage, sodass natürliche Oasen entstehen.

bohren und das Grundwasser über Pumpen nach oben zu holen. Oft führt diese intensive Nutzung aber zu einer schnellen Erschöpfung des Grundwasservorrats.

Lineare Oasen und Wadis

Flüsse, die nicht so mächtig sind wie der Nil, versickern auf ihrem Weg durch die Wüste und unter dem Flussbett sammelt sich Grundwasser. Der Hoanib in der Wüste Namib ist so eine lineare Oase: Tief wurzelnde Akazien begrünen den Flusslauf, Wüstenelefanten graben hier ihre Wasserlöcher. An einigen Stellen tritt das Grundwasser von alleine zutage, verdunstet und bildet Salzkrusten, an denen dann die Antilopen lecken, um ihren Salzbedarf zu decken. So ein ausgetrocknetes Flusstal wird meist mit dem arabischen Wort »Wadi» bezeichnet. Wadis können sich nach Jahrzehnten plötzlich wieder mit Wasser füllen, wenn es in einem weiten Einzugsgebiet regnet. Das von allen Seiten herbeifließende Wasser kann sogar eine Flutwelle bilden, die dann durch das Wadi rast. Auch wenn der weiche, ebene Sand eines Flussbetts als guter Lagerplatz erscheint, sollte man sich das zweimal überlegen: Wenn über Nacht plötzlich Fluten heranrollen, kann man in der Wüste ertrinken!

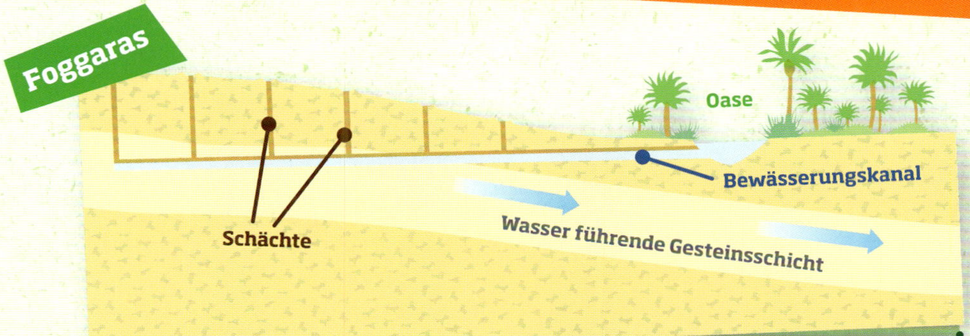

Unterirdische Stollen führen fossiles Wasser aus dem Gebirge in tiefer gelegene Oasen. Diese meist Qanat oder Foggara genannten traditionellen Bewässerungssysteme wurden noch durch senkrechte Luftschächte verfeinert: Die heiße Wüstenluft kondensiert an den Schachtwänden, sodass das Kondenswasser abläuft und genutzt werden kann. Die Schächte helfen außerdem, den Stollen zu reinigen.

Eine seltene Sonderform der natürlichen Oase ist die artesische Quelle: Hier sprudelt das Wasser wie bei einem Springbrunnen heraus. Wenn das Grundwasser in einer Landschaftssenke zwischen zwei undurchlässigen Gesteinsschichten liegt, steht es durch den Druck der höher liegenden Wassersäulen unter Spannung. Findet es zum Beispiel durch eine Bodenverwerfung einen Weg nach oben, sprudelt es heraus – allerdings nur maximal bis zur Höhe des Grundwasserniveaus.

In Afrika ist es meist Aufgabe der Frauen, das Wasser vom oft kilometerweit entfernten Brunnen nach Hause zu tragen.

Prinzip Springbrunnen

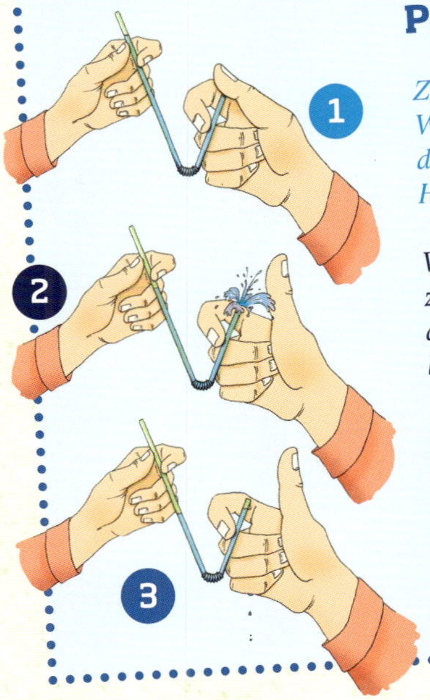

Zieh einen Knickstrohhalm voll Wasser, drück das kurze Ende mit dem Daumen zu und halte den Halm wie ein V vor dich.

Wenn beide Öffnungen nach oben zeigen, kannst du den Daumen von der Öffnung nehmen. Das Wasser läuft aus dem kürzeren Ende heraus.

Das Wasser läuft so lange, bis sich die Wassersäule in beiden Halmenden auf ein Niveau angeglichen hat. Dies nennt man das Prinzip der kommunizierenden Röhren, das auch dem artesischen Brunnen zugrunde liegt.

Vom Zelt zum Wolkenkratzer

Beduinenzelt
Aufgespannte Stoffbahnen, geflochtene Matten auf dem Boden – viel mehr gehört nicht zur Einrichtung eines Beduinenzelts. Gegessen wird auf dem Boden sitzend, statt auf Tischen stehen die Speisen auf großen Tabletts.

Iglu
Die Inuit leben heute zwar in Wohnungen, doch in der Schule lernen die Kinder noch, Iglus zu bauen. Die aus Eisblöcken aufgeschichteten Kuppelbauten können bei plötzlichen Wetterumschwüngen in der Arktis als Schutzhütten überlebenswichtig sein.

Die typische Wüstenbehausung ist das Zelt. Denn Nomaden reisen mit leichtem Gepäck. Die Tuareg zum Beispiel können das Hab und Gut einer ganzen Familie in kürzester Zeit in drei Säcken verstauen, die von einem einzigen Kamel zu tragen sind. Allerdings haben sie auch über ihr ganzes Gebiet verteilt Verstecke, meist mit Steinen verschlossene Felsvorsprünge, in denen sie Vorräte oder Schmuck aufbewahren. Die Buschmänner in der Kalahari oder die Aborigines besitzen dagegen nicht einmal Zelte. Sie suchen in natürlichen Höhlen Unterschlupf und bauen sich allenfalls einen Windschutz aus Gräsern. In den Kältewüsten muss die Unterkunft natürlich warmhalten. Wobei warm relativ ist: Im Iglu liegt die Temperatur nur knapp über dem Gefrierpunkt – was aber besser ist als minus 40 Grad Celsius im Freien! Die Mongolen haben es da in ihren mit Wollfilz gedämmten Rundzelten, den Jurten, etwas behaglicher. Um sie zu transportieren, benötigt man dann aber auch schon zwei Kamele.

Lagerfeuer statt Couch

Der Mittelpunkt des nomadischen Gesellschaftslebens ist die Feuerstelle. In Jurten befindet sie sich in der Mitte des Raums, wobei der Rauch durch ein Loch in der Kuppel abziehen kann. Beduinen und Berber schüren ihr Feuer im Freien, meist dicht am Zelteingang. Darin wird nicht nur Brot gebacken und gekocht, nachts dient es auch als Licht und Heizung. Am Feuer werden auch Fremde empfangen. Die Gastfreundschaft wird mit Chai unterstrichen, einem starken, süßen Schwarztee, der in kleinen Gläschen serviert wird. Bei den Tuareg verrät das Feuer, wie willkommen der Besuch ist: je größer die Holzscheite, desto angesehener der Gast. Wird kein Holz mehr nachgelegt, ist das eine Aufforderung zu gehen.

Jurte
Jurten nennt man die traditionellen Rundzelte der mongolischen Nomaden. Sie bestehen aus einem Holzgerüst, das von zwei Pfosten in der Mitte getragen wird. Darüber werden zur Wärmeisolierung dicke Matten aus verfilzter Schafwolle gelegt, die mit Seilen verschnürt werden. Im Sommer lassen sich die Seitenwände hochschlagen, um mehr Luft hineinzulassen. Viele Mongolen haben heute noch neben ihrer Stadtwohnung eine Jurte, in der sie gerne ein paar Nächte verbringen oder Feste feiern.

Rekord
828 Meter
hoch ist der im Jahr 2010 fertiggestellte Burj Khalifa in Dubai. Mit 163 bewohnbaren Etagen gilt er derzeit als das höchste Gebäude der Welt.

Von großer Baukunst zeugen die Kasbah genannten, verwinkelten Altstädte der arabischen Welt. Lehm ist in der Wüste oft der einzige verfügbare Baustoff. Er sorgt für gutes Raumklima – reguliert die Luftfeuchtigkeit, kühlt am Tage und gibt nachts die gespeicherte Wärme ab.

Wohnen in der Wüste

Wo Wasser dauerhaft zur Verfügung steht, gibt es keinen Grund mehr weiterzuziehen. In den Oasen wurden Wüstenbewohner deshalb sesshaft. Typisch sind vor allem in der Sahara die aus Lehm gebauten, stark verschachtelten Siedlungen. Enge Gassen und kleine Fenster sorgen für Schatten und somit für kühle Räume. Seit die Trinkwasserversorgung durch technische Maßnahmen wie Entsalzungsanlagen, Staudämme und tiefere Brunnen mit Pumpen auch für große Bevölkerungszahlen sichergestellt werden kann, ist es auch möglich, richtige Städte mitten in der Wüste zu bauen, die sich in ihrem Komfort kaum von anderen Städten unterscheiden. In amerikanischen Metropolen wie Las Vegas oder Los Angeles merkt man gar nicht, dass man sich mitten in der Wüste befindet. Allmählich zeigen sich aber auch die Grenzen der Wüstenbesiedlung: Der Wasserspiegel des Lake Mead, der als Stausee die US-Staaten Nevada, Arizona und Kalifornien versorgt, sinkt stetig. Bei Androhung von Strafe muss von Sommer zu Sommer der Wasserverbrauch stärker begrenzt werden.

Glitzernde Wüstenmetropolen

In den Vereinigten Arabischen Emiraten ist vor allem Dubai für seine Bauwut bekannt: Im Jahr 2006 sollen 30 000 Baukräne, ein Viertel aller Kräne weltweit, in der Stadt am Golf gestanden haben. Mitte des 19. Jahrhunderts war Dubai noch ein kleines Fischerdorf. Durch den Handel mit Perlen wuchs bis in die Mitte des 20. Jahrhunderts eine Kleinstadt heran. Mit dem Beginn der Ölförderung und den Petrodollars, die ins Land kamen, begann dann der Boom. Dubai entwickelte sich zur hochmodernen Stadt mit Wolkenkratzern aus Stahl, Glas und Beton. Heute lebt sie hauptsächlich von Touristen, die dort entweder ihren Urlaub verbringen oder einen Zwischenstopp auf einer längeren Reise machen.

Der Hoover-Damm war bei seiner Einweihung im Jahr 1936 eine bautechnische Meisterleistung: Die 221 Meter hohe Mauer staut den Colorado River zum Lake Mead, dem größten Stausee der USA.

Las Vegas lockt mit seinen Shows und Casinos jährlich mehr als 35 Millionen Besucher an – mitten in der Mojave-Wüste. Die Trinkwasserversorgung ist abhängig vom 50 Kilometer entfernten Hoover-Damm.

Die Ureinwohner Australiens mussten sich als Sammler oft mit dem wenigen begnügen, was die karge Natur im Outback hergab: Eine ausgegrabene Made lieferte wichtiges Eiweiß.

Was die Wüste hergibt

Mit dem Bumerang als Wurfgeschoss konnten Aborigines kleine Kängurus aus großer Distanz treffen und töten.

Bevor es möglich war, Siedlungen von weit her mit Wasser und Lebensmitteln zu versorgen, hatten Wüstenbewohner nur drei Möglichkeiten zu überleben: Erstens konnten sie auf die Jagd gehen und sammeln, was sich an Essbarem fand. Zweitens konnten sie als Nomaden mit dem Vieh von Weide zu Weide ziehen. Oder sie konnten sich in einer Oase niederlassen und Ackerbau betreiben.

Jäger auf Distanz

In der Wüste auf die Jagd zu gehen, bringt Schwierigkeiten mit sich. Die meisten Tiere leben vereinzelt oder ziehen in weitläufigen Gebieten umher. Deshalb gibt es in den arabischen Wüsten und in der Mongolei die Tradition der Beizjagd mit Falken oder Adlern. Die Greifvögel erspähen auch weit entfernte Beute aus der Luft und lassen sich das Wild später bereitwillig abnehmen, wenn ihnen ein kleiner Ersatz geboten wird. Die Aborigines in Australien jagten außer mit Speeren mit einem aus hartem Holz geschnitzten Wurfgeschoss, dem Bumerang. So entgingen sie dem Problem, dass es im Outback wenig Deckungsmöglichkeiten für heranpirschende Jäger gibt. Es ist allerdings ein Mythos, dass der Jagdbumerang zum Werfer zurückfliegt, wenn er sein Ziel verfehlt. Solche Bumerangs, die aufgrund ihrer speziellen Form in der Luft einen Bogen machen, wurden nur zu rituellen Zwecken eingesetzt.

Die Jagd mit Falken ist in Arabien heute nicht mehr überlebenswichtig, sondern ein Hobby.

Die Nomaden in der Wüste Gobi ernähren sich hauptsächlich von der fett- und eiweißreichen Milch ihrer zotteligen Yak-Rinder.

Viehzucht mit Risikomanagement

Die Aborigines und die Buschmänner der Kalahari waren die letzten Wüstenvölker, die ausschließlich als Jäger und Sammler gelebt haben. Andere sind früh dazu übergegangen, auch Tiere zu halten. Dabei wird weniger das Fleisch genutzt als das, was die Tiere bei lebendigem Leib hergeben, vor allem Milch und Wolle. Die Größe der Herde zeigt heute oft immer noch den Wohlstand eines Nomadenstamms an. Meistens werden verschiedene Arten gezüchtet, also neben Ziegen auch Schafe, neben Kamelen auch Esel und Rinder. Dadurch sinkt das Risiko, dass alle Tiere auf einmal eingehen, wenn eine Krankheit ausbricht oder eine anhaltende Dürre kommt.

Ackerbau unter Palmen

Die Dattelpalme ist die Königin der Oase. Ihre ausladenden Wedel spenden den lichten Schatten, unter dem andere Pflanzen gedeihen können. Gleichzeitig ist der astlose Stamm so schlank, dass sich dazwischen anderes Grün ausbreiten kann. Die typische Oasenwirtschaft ist dreistufig: Unter den Palmen wachsen kleinere Bäume wie Feigen und Granatäpfel, auf dem Boden können Gemüse und Getreide angebaut werden.

Gern gesehene Gäste

In der Weite der Wüste läuft man selten anderen über den Weg. Umso größer ist das Willkommen, wenn Besucher auftauchen. Sie bringen nicht nur Nachrichten von anderen Familien und aus anderen Gegenden mit. Wo sie leben, haben sie oft auch Zugang zu anderen Nahrungsquellen, sodass Lebensmittel ausgetauscht werden können, die den Speiseplan bereichern. Nicht umsonst haben die meisten Nomadenstämme eine sehr ausgeprägte Kultur der Gastfreundschaft, zu der auch eine großzügige Bewirtung gehört.

Die meisten Wüstenvölker sind ausgesprochen gastfreundlich. Die Einladung zum Tee kann nicht ausgeschlagen werden.

Oasenwirtschaft

Typisch ist der Anbau in drei Stockwerken: Datteln waren in der Sahara früher ein Hauptnahrungsmittel wie bei uns Kartoffeln. Im Schatten der Palmen wachsen aber auch Obstbäume wie Granatäpfel und Feigen. Am kühlen Boden gedeihen Auberginen und anderes Gemüse und sogar Getreidesorten wie Weizen und Hirse.

Reichtum aus der Erde

Der Abbau Seltener Erden schadet Mensch und Natur: Zum Auswaschen der Gesteine werden giftige Chemikalien eingesetzt, die das wertvolle Grundwasser verschmutzen. Auch radioaktive Substanzen werden zutage gefördert und landen in riesigen Auffangbecken.

Nicht alle profitieren vom Rohstoffreichtum: In Peru oder China schuften die Menschen oft mit bloßen Händen im Bergbau. Sie verdienen oft einen Hungerlohn und setzen zudem noch ihre Gesundheit aufs Spiel.

So karg das Leben in der Wüste ist, so reich sind die Wüsten der Welt an Bodenschätzen. Vor allem sind sie dort leicht erreichbar. Denn es gibt keine Siedlungen oder Wälder, die vor dem Abbau beseitigt werden müssten. Noch entscheidender ist ein geologischer Vorteil: Oft liegen die Vorkommen direkt unter der Erdoberfläche. So wurde in der Mongolei erst vor wenigen Jahren ein riesiges Steinkohlefeld gefunden, das ohne aufwendiges Stollensystem im Tagebau ausgebaggert werden kann.

Schatzsucher und Glücksritter

Geschichten von Diamanten, die in der Wüste einfach so im Sand liegen und nur aufgesammelt werden müssen, sorgten im 19. Jahrhundert für einen Ansturm europäischer Glücksritter auf Afrika. Vor allem aber in Südamerika waren aus europäischer Sicht manche Schätze zu heben. Spanien und Portugal stiegen im 17. Jahrhundert durch die Ausbeutung von Gold- und Silberminen in der Atacama-Wüste zu mächtigen Kolonialherren auf. Und der Bergbauboom ist längst nicht vorbei: Erze machen heute noch fast die Hälfte der peruanischen Exporte aus. Peru ist der größte Silberproduzent der Welt, der drittgrößte Produzent von Zinn und Zink, der viertgrößte von Blei und Kupfer und der fünftgrößte von Gold.

Schwarzes Gold

Für noch größere geopolitische Umwälzungen als das südamerikanische Gold sorgte im 20. Jahrhundert die Entdeckung großer Erdölvorkommen zunächst in der Sahara, später in der arabischen Wüste.
Sogar Kriege wurden schon um das Öl geführt. Denn Erdöl ist der Treibstoff der industrialisierten Welt. Schlagartig stiegen Beduinenstämme, die früher nur mit Kamelen gehandelt hatten, zu Ölscheichs auf. Sie wurden nicht nur quasi über Nacht extrem reich, sondern gewannen plötzlich auch an politischem Einfluss. Wie sehr die westliche Welt vom guten Willen der Erdöl fördernden Staaten abhängig geworden war, zeigte die Ölkrise 1973, als die arabischen Länder ihre Fördermengen drosselten. Damals blieben an mehreren Sonntagen die Autobahnen leer, weil die deutsche Bundesregierung ein Fahrverbot verhängte, um Sprit zu sparen.

Weißes Gold

Noch vor dem Erdöl war es das weiße Gold, das einige Wüstenstädte reich machte. Gemeint ist der Handel mit Salz. Salz war nicht nur beliebt, um das Essen schmackhaft zu machen. Vor allem machte man damit Lebensmittel haltbar, indem zum Beispiel Fleisch gepökelt, also in Salz eingelegt wurde. Schlaue Wüstenvölker haben sich die starke Verdunstungskraft der Sonne zunutze gemacht, um gezielt Salz zu gewinnen: Brunnenwasser wird mit salziger Erde

Petrodollars, also aus dem Erdöl gewonnenes Geld, haben einige arabische Familien reich gemacht. Ihren Reichtum stellen die Ölscheichs gerne zur Schau.

vermischt und in kleinen Becken verdunstet. Das so gewonnene Salz wird von den Karawanen in die Handelsstädte gebracht und verkauft. In vergangenen Jahrhunderten wurden die Salzbarren mit Gold aufgewogen. Ganz so wertvoll ist Salz heute nicht mehr, aber die Produktion und der Abbau lohnen sich noch heute.

Seltene Erden

Sie sind das neueste Gold der Wüsten: Seltene Erden. Unter diesem seltsamen Namen fasst man 17 verschiedene Metalle zusammen, die meist im selben Gestein vorkommen. Von Neodym hast du vielleicht schon mal gehört, weil daraus auch Magnete hergestellt werden. Ihre Hauptverwendung aber finden die Seltene-Erden-Metalle in der Hightech-Industrie. Als sogenannte Halbleiter sind sie in Computern, Monitoren, Handys, Akkus, Elektromotoren und Windturbinen unverzichtbar. China hat quasi ein Monopol auf Seltene Erden – mehr als 90 Prozent der weltweit verfügbaren Menge werden in den chinesischen Wüsten und in der Mongolei gefördert.

Schon gewusst?

Die Menschenleere der Wüste war ein Grund dafür, dass hier im 20. Jahrhundert Atomwaffentests durchgeführt wurden. Die tödliche Strahlung wurde dabei falsch eingeschätzt. Aus der Wüste kommt auch eine Grundzutat der Nukleartechnik: Hier findet man radioaktives Uran, das zum Beispiel in den Brennstäben von Kernkraftwerken eingesetzt wird.

Silizium

Das Halbmetall (engl. Silicon) wird aus Wüstensand gewonnen. Seine Eigenschaften machen es zum perfekten Baustoff für Computerchips. Die Hightech-Industrieregion in Kalifornien nennt man deshalb auch Silicon Valley. Genutzt wird Silizium außerdem für Solarzellen.

In der Salar de Uyuni werden jährlich etwa 25 000 Tonnen Salz abgebaut.

Das Entstehungsprinzip der Salzwüsten funktioniert auch im Kleinen: In der Sahara wird Salz durch Verdunstung in kleinen Becken gewonnen.

Heute noch bringen Karawanen Salzbarren in die Handelsstädte, auch wenn sich das Geschäft nicht mehr so lohnt wie früher.

Ein Blick in die Zukunft

In der Mongolei werden wegen ihrer wertvollen Wolle immer mehr Kashmirziegen gezüchtet. Anders als Schafe rupfen sie Pflanzen mitsamt der Wurzel aus – der Boden erodiert.

Rein geografisch betrachtet sind Wüsten ein Erfolgsmodell, denn diese Landschaftsform breitet sich immer weiter aus. Desertifikation nennen Fachleute diesen Prozess der Ausbreitung der Wüsten. Leider hat er nicht immer natürliche Ursachen.

Wüsten durch Menschenhand

Wenn ganze Landstriche austrocknen, die Vegetation verschwindet und der fruchtbare Boden daraufhin fortgeweht wird, ist meistens menschliches Handeln dafür verantwortlich. Entweder direkt, weil zu viel Wasser verbraucht wird, sodass der Grundwasserspiegel sinkt. Oder indirekt, weil der durch Luftverschmutzung verursachte Treibhauseffekt das globale Klima erwärmt. Dies ist vermutlich die Ursache dafür, dass gerade in trockenen Regionen immer öfter der Regen ausbleibt. Eine weitere Form der Desertifikation besteht im Versanden von ganzen Landstrichen. Auch hier ist oft der Mensch beteiligt: Indem er Bäume für Feuerholz abholzt oder das Vieh zu viel Pflanzen fressen lässt, breiten sich Sanddünen ungehindert aus. Es ist ein sich selbst verstärkender Prozess: Denn wo Pflanzendecke und Wälder fehlen, regnet es auch weniger, weil das Wasser an der Oberfläche abfließt, statt zu verdunsten, und sich deshalb weniger Wolken bilden.

Strom aus der Sahara

Doch es gibt auch gute Nachrichten: Die Wüste könnte auch nach dem Ende des Ölzeitalters ein wichtiger Energielieferant bleiben. Denn eins haben Wüsten im Überfluss: Sonne und Wärme. Es gibt deshalb viele Projekte, die eine umfassende Nutzung der Sonnenenergie zum Ziel haben.

Bei solarthermischer Energiegewinnung wie hier in der Mojave-Wüste bündeln Spiegel die Sonnenenergie, um Wasser zu erhitzen. Der Wasserdampf treibt dann eine Stromturbine an.

Auf Versuchsfeldern in der Negev-Wüste erproben israelische Forscher sparsame Bewässerungstechniken und wüstentaugliche Pflanzenzüchtungen.

Das größte darunter heißt Desertec und ist ein weltweiter Zusammenschluss von Wissenschaftlern, Politikern und Unternehmern. Neben Windkraft und Photovoltaik, bei der die Lichtenergie der Sonne genutzt wird, setzt das Projekt im Kern auf solarthermische Anlagen, bei denen die Sonnenwärme in nutzbare Energie umgewandelt wird. Laut Desertec empfangen die Trockenwüsten der Erde in nur sechs Stunden mehr Energie von der Sonne, als die Menschheit in einem Jahr verbraucht. Es sollte deshalb möglich sein, 90 Prozent der Menschheit mit Wüstenstrom zu versorgen. Die Umsetzung scheitert bislang hauptsächlich am Transport des Stroms auf andere Kontinente und an den jüngsten Unruhen in der Sahara-Region. Die Technik aber steht bereit: Sie wird bereits in mehr als hundert solarthermischen Kraftwerken weltweit erprobt.

Grüne Visionen

Anlass zur Hoffnung könnte auch die Entwicklung neuer Methoden für eine wüstentaugliche Landwirtschaft geben. Insbesondere die israelische Ben-Gurion-Universität in der Negev-Wüste forscht intensiv an Möglichkeiten, Lebensmittel in der Wüste anzubauen, ohne das empfindliche Ökosystem aus dem Gleichgewicht zu bringen. Zu den Fortschritten, die dort gemacht wurden, gehören zum Beispiel auch Bewässerungssysteme, die das Wasser gezielt an die Wurzeln der Pflanzen bringen, statt großflächig zu besprühen. Diese ausgeklügelten, aber einfachen Schlauchsysteme sind inzwischen weltweit verbreitet.

Mit einem Mammutprojekt trotzen die Chinesen der Wüste: Ähnlich wie die berühmte chinesische Mauer Angriffe der Mongolen abhalten sollte, soll eine grüne Mauer aus Bäumen die Sandstürme aufhalten, die zunehmend die Hauptstadt Peking bedrohen.

Vom Traum zum Albtraum: Statt Wüsten in grüne Oasen zu verwandeln, hat starke Bewässerung vielerorts zur Versalzung der Böden und dem Versiegen des Grundwassers beigetragen.

Nach Berechnungen der UNO sind heute etwa 250 Millionen Menschen direkt von Desertifikation betroffen, am stärksten in China und Afrika. Jedes Jahr verliert die Erde schätzungsweise 24 Milliarden Tonnen fruchtbaren Bodens.

Der Aralsee

Der Aralsee im Jahr 1989 und im Jahr 2014 – von Satelliten aus dem Weltall aufgenommen. Der Salzsee war einst der viertgrößte Binnensee der Welt und reich an Fischen. Er fing an auszutrocknen, als seine beiden Zuflüsse angezapft wurden, um Baumwollfelder zu bewässern. Vom ursprünglichen Volumen des Seewassers sind heute noch etwa zehn Prozent übrig, der Salzgehalt hat sich vervierfacht.

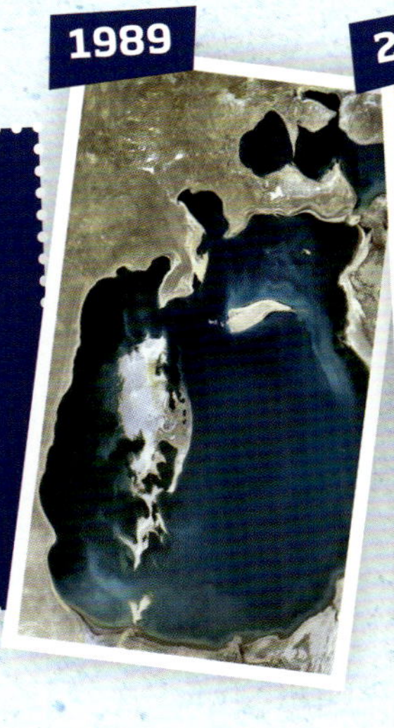

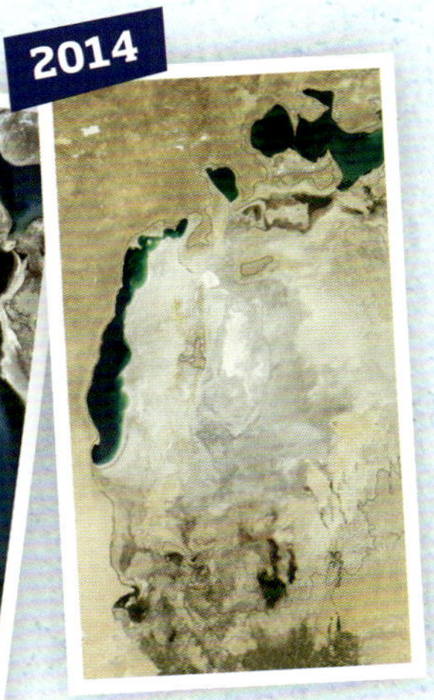

Die Tuareg sind ein Stamm der Berber im Nordwesten Afrikas. Mit ihren Kamelen ziehen sie zum Teil heute noch als Nomaden durch die Sahara.

Glossar

Arid: Bezeichnung für eine trockene Klimaregion, in der die Verdunstung größer ist als der Niederschlag.

Atmosphäre: Gashülle, die die Erde umgibt.

Beduinen: Nomadische Wüstenbewohner der Arabischen Halbinsel, des Negev, Sinai und östlichen Teils der Sahara.

Berber: Ursprüngliche Bewohner des nordwestlichen Teils der Sahara von Marokko bis Libyen, zu denen auch der Nomadenstamm der Tuareg gehört.

Endemisch: Tier- und Pflanzenarten, die natürlicherweise nur in einer bestimmten Gegend vorkommen, zum Beispiel die Welwitschie in der Wüste Namib.

Erosion: Abtragen von Gestein und Boden durch Wind, Wasser oder Eis, wobei neue Oberflächen- und Landschaftsformen geschaffen werden.

Fotosynthese: In Pflanzenzellen ablaufende Umwandlung von Kohlendioxid und Wasser in Sauerstoff und Zucker mithilfe von Sonnenenergie.

Geomorphologie: Teilgebiet der Geografie, das die Landschaftsformen der Erdoberfläche und ihre Entstehung untersucht.

Hadley-Zelle: Benannt nach George Hadley, der den Luftkreislauf zwischen Äquator und Subtropen mit seinen Passatwinden zuerst beschrieben hat.

Hyperaridität: Extrem trocken.

Kolonialismus: Historisches Zeitalter (zwischen 16. und 20. Jahrhundert), in dem europäische Mächte fremde Gebiete in Übersee in Besitz nahmen.

Kolonialisten: Menschen, die fremde Länder besiedeln oder wirtschaftlich ausbeuten und dabei die ursprünglich dort ansässige Bevölkerung unterdrücken.

Kontinentalwüste: Tief im Landesinneren gelegene Wüste, die entsteht, weil Wolken, die Feuchtigkeit vom Meer bringen, sich ausregnen, bevor sie sie erreichen.

Küsten- oder Nebelwüste: Wüsten, die sich an den Westküsten der Kontinente bilden, weil über den kalten Meeresströmen keine Regenwolken aufsteigen können, sondern nur Nebel entstehen.

Nomaden: Nicht sesshafte Wanderhirten.

Petrodollar: Das Geld, das mit Erdöl (engl. petroleum) verdient wird.

Regenschattenwüste: Wüsten, die hinter einem hohen Gebirge entstehen, weil sich die Wolken bereits auf der anderen Seite der Berge abgeregnet haben.

Reliefwüste: Wüste, die nicht aufgrund ihrer geografischen Lage in einer bestimmten Klimazone (vgl. Wendekreiswüste), sondern wegen der Form der Erdoberfläche entstanden ist (z.B. Regenschattenwüste).

Symbiose: Enge Lebensgemeinschaft zweier Lebewesen, von der beide profitieren.

Trocken- oder Heißwüste: Wüste, deren Niederschlagsarmut durch heißes Klima bedingt ist.

Wendekreise: Breitengrade bei 23,5 Grad nördlicher bzw. südlicher Breite, die die Tropen von den Subtropen trennen. Die Sonne steht einmal im Jahr (21.6. Nordhalbkugel, 22.12. Südhalbkugel) senkrecht über ihnen.

Wendekreiswüste: Im subtropischen Trockengürtel gelegene Wüsten.

WAS IST WAS Band 34

Bildquellennachweis: **Archiv Tessloff:** 13 (3 Illus Dünenformen), 39ur; **Corbis:** 3ur (George Steinmetz), 3ml (Kazuyoshi Nomachi), 13ur (George Steinmetz), 18or (David Keaton), 19or (George Steinmetz), 31ul (Robert Essel NYC), 32ul (Peter Adams), 32or (Kazuyoshi Nomachi), 32mr (Juan Echeverria), 33ur (Peter Adams), 33or (Michel Gunther/Photononstop), 33m (M. ou Me. Desjeux, Bernard), 34ur (Redlink), 42or (Penny Tweedie), 42ol (Ludo Kuipers), 43mr (Philippe Lissac/Godong), 44um (Hugh Sitton), 44or (STRINGER SHANGHAI/Reuters), 45Hg. (George Steinmetz), 46om (David Bathgate), 46ul (Steve Kaufman), 46um (Ed Kashi/VII), 47mm (AgStock Images), 47om (Li Ran/Xinhua Press), 47or (Wang Peng/Xinhua Press), 48o (F. Lukasseck/Masterfile); **Flammersfeld, Anne-Marie:** 4om (Christoph Gramann), 4-5Hg., 5ur, 5or; **NASA:** 47ur; **Nature Picture Library:** 26um (Tony Heald), 27ol (Staffan Widstrand), 28ul (Staffan Widstrand), 29ml (Ingo Arndt); **picture alliance:** 1 (Westend61/Egmont Strigl), 2ml (blickwinkel/McPHOTO), 2ul (blickwinkel/A. Rose), 2or (Mary Evans/Grenville Collins P), 3ul (Eric Vargiolu/DPPI Media), 6-7Hg. (Bildagentur-online/Saurer), 6om (Steffen & Alexandra Sailer/Mary Evans Picture Library), 6ul (Jorge Saenz/AP Photo), 6ur (blickwinkel/A. Rose), 7ur (Paul Mayall), 7ol (blickwinkel/McPHOTO), 9ur (Stuart Black/Robert Harding World Imagery), 9ol (CPA Media/Pictures From History), 10ol (dpa-Zentralbild/Matthias Tödt), 10mr (Mary Evans/Grenville Collins P), 11or (Fritz Polking/Bruce Coleman/Photoshot), 11ol (Reinhard Kungel), 11mr (blickwinkel/P. Frischknecht), 11ur (blickwinkel/S. Sailer/A. Sailer), 12ul (Westend61/Egmont Strigl), 12-13Hg. (blickwinkel/R. Gemperle), 13or (S. Muller/WILDLIFE), 15or (WILDLIFE/M. Harvey), 15mr (WILDLIFE/M. Harvey), 15ul (Instituto de Alta Investigación/Bernardo Arriaza/dpa), 16or (Rolf Philips), 16-17Hg. (Martin Bernetti/AFP Creative), 17ml (Arco Images/Therin-Weise), 18m (Okapia/Patricio Robles-Gil), 18ol (blickwinkel/F. Hecker), 20ul (blickwinkel/S. Sailer/A. Sailer), 20or (John Cancalosi/Ardea/Mary Evans Picture Library), 21mr (united-archives/mcphoto), 21mr (blickwinkel/G. Fischer), 21ur (blickwinkel/G. Fischer), 21mr (Francois Gohier/ardea/Mary Evans Picture Library), 22um (bifab), 22-23Hg. (blickwinkel/A. Laule), 23ml (Wolfgang Langenstrassen/dpa), 23ur (Erwin Patzelt/dpa), 23or (blickwinkel/S. Sailer/A. Sailer), 24um (WILDLIFE/HPH), 24or (Woodfall/John Cancalosi/Photoshot), 25om (blickwinkel/A. Laule), 25um (Anka Agency International/Gerard Lacz), 25ol (Arco Images GmbH/Sator, WHJ), 25or (WILDLIFE/I. Shpilenok), 27mr (WILDLIFE/P. Ryan), 27ml (WILDLIFE/M.Harvey), 29ol (Quagga Illustrations), 30or (dpa-Zentralbild/Matthias Toedt), 31or (Ton Koene), 33ul (EPA/Mohamed Messara), 34ol (Eric Vargiolu/DPPI Media), 35u (Mary Evans Picture Library), 35or (Bildagentur-online/TIPS-Images), 35m (TPGimages), 36or (moodboard/Marco Nesche), 36ul (dpa/Jörg Fischer), 36om (dpa-Zentralbild/Matthias Tödt), 37or (Godong/Michel Gounot), 37ur (WILDLIFE/T. Dressler), 37ol (blickwinkel/fotototo), 38ur (Michel Gounot/GODONG), 38ul (dpa-Zentralbild/Matthias Tödt), 39ul (dpa-Zentralbild/Tom Schulze), 39mm (Walter G. Allgöwer/CHROMORANGE), 40ml (Ton Koene), 40u (RIA Novosti/Alexandr Kryazhev), 41ul (Herve Champollion/akg-images), 41ml (Giancarlo Majocchi/AGF/Bildagentur-online), 41ur (Robert Harding World Imagery/Gavin Hellier), 42-43Hg. (Robert Harding World Imagery/Lee Frost), 42ml (Günter Fischer/Chromorange), 43or (WILDLIFE/H. Jungius), 43mr (blickwinkel/McPHOTO), 44ol (landov/REN JUNCHUAN), 45or (akg-images), 45mm (D. Harms/WILDLIFE), 45mr (Klaus Ohlenschläger), 45ur (Robert Harding World Imagery/Olivier Goujon), 47mr (dpa-Zentralbild/Matthias Tödt); **Racing the Planet:** 5ol (Scott Manthey), 5mr; **sanderlw:** 10-11Hg.; **Shutterstock:** 7or (Pichugin Dmitry), 8-9Hg. (elgad), 8mr (Konstantin Bolotov), 12mr (funkyfrogstock), 14om (A. F. Smith), 14-15Hg. (Guido Amrein, Switzerland), 16mr (Alberto Loyo), 17or (Vadim Petrakov), 18-19Hg. (BMJ), 20-21Hg./24-25Hg./31Hg./34-35Hg./38-39Hg./41Hg./47Hg. (Roberaten), 20um (Angel DiBilio), 20-21Hg. (Bernadette Heath), 24ol (reptiles4all), 24ul (Rowan S), 26mr (Vassiliy Fedorenko), 26Hg. (Wolfgang Berroth), 26om (Audrey Snider-Bell), 27um (Mirko Rosenau), 29mr (John Carnemolla), 29ur (Maxim Petrichuk), 30Hg. (Maxim Petrichuk), 31ur (Vladislav T. Jirousek), 34or (silky), 40ol (Smit), 41mr (Tupungato), 44ul (Nico Traut), 45mr (T photography), 45m (Kitch Bain), 46or (Perfect Lazybones); **Thinkstock:** 2m/28-29Hg. (eAlisa) 3mr (abramova), 3or (Vellimuttom Parameswaran Madhu), 7m (typhoonski), 12ml (MarcelC), 13ol (JohnCarnemolla), 27or (pekka pukema), 36-37Hg. (moodboard), 40om (RudolfT), 41or (Vellimuttom Parameswaran Madhu), 42um (SvetlanaK), 42ul (Photopips), 42om (UroshPetrovic), 43ur (Sergii Telesh), 43um (abramova), 43ul (SafakOguz), 46Hg. (Nakisa Photo); **Tophoven, Manfred:** 2ur, 10ul, 13ml, 14ul, 15mm, 21or, 21om, 39or, 39mr; **Wikipedia:** 2mr (Larrousiney), 12or (Vitor 1234), 13ul (Larrousiney), 15um (Nicole Saffie/Pontificia Universidad Católica de Chile), 16mm (Báthory Péter), 17ol (Valdiney Pimenta), 18ul (Liam Quinn), 18ml (Alastair Rae), 19mr (Till Niermann), 21um (Hansueli Krapf), 22ur (Phil41), 23om (Marco Schmidt), 25ul (Zachi Evenor), 26ur (Hans Hillewaert), 27om (Ingo Rechenberg), 27ul (Antoshin Konstantin), 31ol (Gebrüder Haeckel), 32ur (Mark Dingemanse), 35ml (PD-US; PD-ART, 1862), 47um (NASA)

Vorsatz: Shutterstock: ol (VikaSuh), ur (Smit)

Umschlagfotos: Corbis: (Yann Arthus-Bertrand),
U4: Shutterstock: (Armin Rose)

Gestaltung: independent Medien-Design

Burgschmietstraße 2–4, 90419 Nürnberg

www.tessloff.com

ISBN 978-3-7886-2091-2

WAS IST WAS
Der Urmensch

WAS IST WAS
Mathematik

WAS IST WAS
Akustik
BAND 28

WAS IST WAS
Wissenschaften
BAND 29

WAS IST WAS
Magnetismus

WAS IST WAS
Indianer

WAS IST WAS
Schmetterlinge

WAS IST WAS
Mechanik
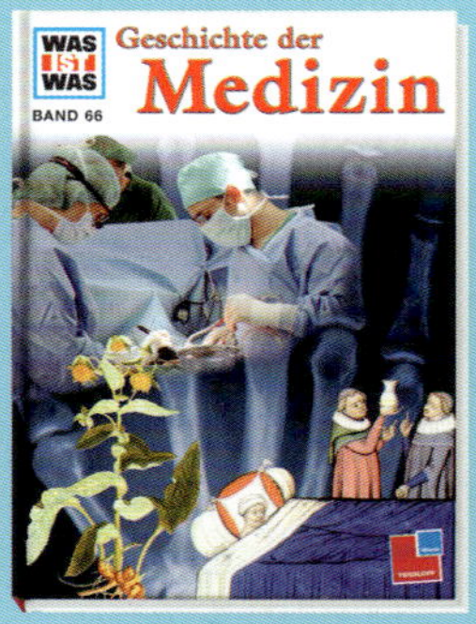
WAS IST WAS
Geschichte der
Medizin
BAND 66
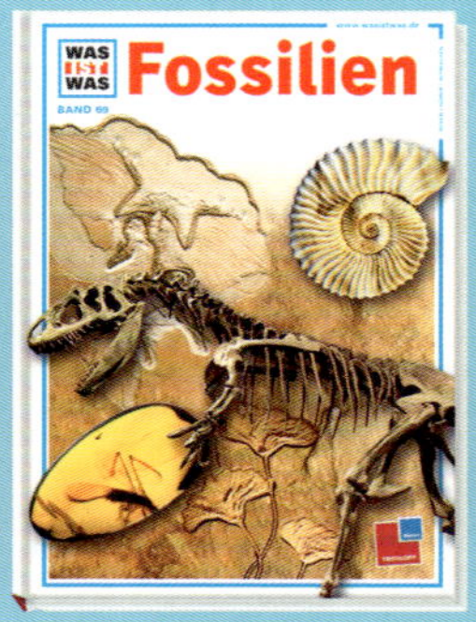
WAS IST WAS
Fossilien

WAS IST WAS
Die Sonne

WAS IST WAS
Geld

WAS IST WAS
Zauberer, Hexen und Magie

WAS IST WAS
Kriminalistik
POLIZEI

WAS IST WAS
Sternbilder
und Sternzeichen

WAS IST WAS
Burgen
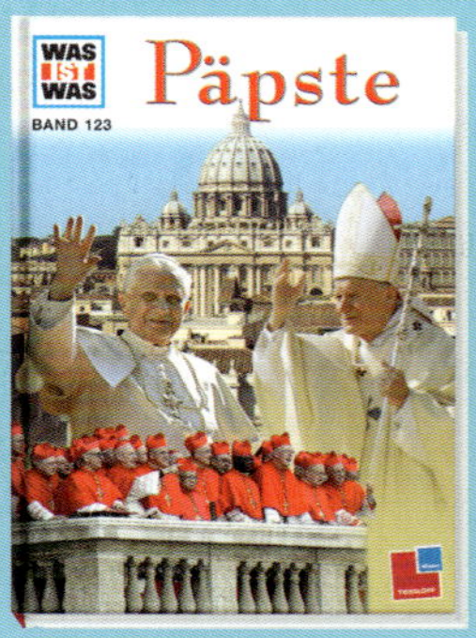
WAS IST WAS
Päpste
BAND 123

WAS IST WAS
Bergbau
Schätze der Erde

WAS IST WAS
Deutschland

WAS IST WAS
Ernährung